轨道交通装备类专业"互联网+"校企双元立体化系列教材

电力机车总体及走行部

主　编 ◎ 殷胤强　杨　贞　郝永兴
副主编 ◎ 李艳霞　赵　超　姜玮鹏
主　审 ◎ 王剑锋　牛　明

西南交通大学出版社
·成　都·

图书在版编目（CIP）数据

电力机车总体及走行部 / 殷胤强，杨贞，郝永兴主编. -- 成都 : 西南交通大学出版社，2024. 8. --（轨道交通装备类专业“互联网+”校企双元立体化系列教材）. -- ISBN 978-7-5774-0014-3

Ⅰ. U264

中国国家版本馆 CIP 数据核字第 2024V79P45 号

轨道交通装备类专业“互联网＋”校企双元立体化系列教材

Dianli Jiche Zongti ji Zouxingbu

电力机车总体及走行部

主　编／殷胤强　杨　贞　郝永兴

策划编辑／李　鹏

责任编辑／宋浩田

封面设计／吴　兵

西南交通大学出版社出版发行

（四川省成都市金牛区二环路北一段 111 号西南交通大学创新大厦 21 楼　610031）

营销部电话：028-87600564　　028-87600533

网址：http://www.xnjdcbs.com

印刷：四川玖艺呈现印刷有限公司

成品尺寸　185 mm × 260 mm

印张　10.75　　字数　262 千

版次　2024 年 8 月第 1 版　　印次　2024 年 8 月第 1 次

书号　ISBN 978-7-5774-0014-3

定价　38.00 元

课件咨询电话：028-81435775

前 言 Preface

本教材是根据教育部颁布的高等职业教育铁道机车运用与维护专业和电力机车运用和检修专业教学指导方案和《电力机车总体及走行部》教学课程标准编写的。本教材依托当前电力机车的发展，选择了目前代表我国国产重载韶山改型（简称 SS_4 改型）电力机车和大功率交流传动和谐（简称 HXD_3）型电力机车作为教材的主要介绍对象。在高等职业教育教学改革精神的指引下，本教材是由高校教师和企业教师合作编写的校企合作开发教材。

本教材共分 7 个模块，分别为：电力机车认知、电力机车车体和设备布置的认知、电力机车转向架的认知、电力机车车体转向架连接装置的认知、电力机车牵引缓冲装置认知、电力机车通风系统和空气管路系统认知、电力机车检查的认知。本教材采用新型活页式教材编写模式，以项目教学为载体，注重电力机车总体及走行部相关新工艺、新技术、新特点的挖掘，系统化构建知识体系。在内容上图文并茂，重要知识点、概念配置了动画和微课视频，将数字资源、教材建设、课程改革融为一体，努力打造新形态数字教材，助力高职教育数字化发展。

本教材由包头铁道职业技术学院殷胤强、杨贞、郝永兴担任主编，包头铁道职业技术学院李艳霞、赵超、姜玮鹏担任副主编，包头铁道职业技术学院王剑锋教授、中国铁路呼和浩特局集团有限公司包西机务段职教科牛明高级工程师担任主审，中国铁路呼和浩特局集团有限公司包西机务段职教科李振杰科长参编。殷胤强编写项目 5 任务 5-1 ~ 5.3，杨贞编写项目 2 任务 2.1 ~ 2.3、项目 3 任务 3.7，郝永兴编写项目 1 任务 1.1 ~ 1.2、项目 3 任务 3.6、任务 3.8，李艳霞编写项目 6 任务 6.1 ~ 6.2、项目 3 任务 3.5，赵超编写项目 3 任务 3.1 ~ 3.4，姜玮鹏编写项目 4 任务 4.1 ~ 4.2，李振杰编写项目 7 任务 7.1 ~ 7.2。

此外，在编写过程中，还得到了中国铁路呼和浩特局集团有限公司包西机务段职教科和检修车间相关领导和师傅们的大力支持和帮助，在此向他们表示诚挚的谢意！

由于编者水平有限，教材中难免有疏漏和不足之处，敬请广大读者朋友们批评指正。

编 者

2024 年 7 月

目录 Contents

项目1

电力机车认知

项目简介

我国电力机车经过60多年的发展，已形成了跨及$SS_1 \sim SS_9$型4、6、8、12轴的韶山系列交-直流传动电力机车和HXD_1、HXD_2和HXD_3和谐系列大功率交-直-交流传动电力机车型谱。近年来，中国铁路车辆（含铁路机车、客车、货车）拥有量保持持续增长趋势，其中铁路机车保有量基本保持稳定。全国铁路机车拥有量为2.24万台，其中内燃机车0.78万台，占34.7%；电力机车1.46万台，占65.3%。

本项目主要介绍电力机车的特点、组成部分、机械部分主要参数、发展历程及轴列式等知识。

项目教学目标

✓ **知识目标：**

1. 掌握电力机车的特点和轴列式。
2. 了解电力机车的组成。
3. 了解电力机车机械部分的主要参数。
4. 了解我国电力机车的发展历程。

✓ **技能目标：**

1. 能够识别电力机车的轴列式。
2. 能够认识电力机车的型号及其含义。

✓ **素质目标：**

1. 学习中国铁路工作者自力更生、艰苦奋斗和自强不息的奋斗精神。
2. 培养学生爱岗敬业、乐于奉献的职业精神。

课时建议

4课时。

认识电力机车微课视频扫码观看

任务 1.1　初识电力机车

任务描述

电力机车为非自带能源机车，其通过接触网受取电流，经过变压器、变流等设备，供给牵引电动机，由牵引电动机驱动车轮转动实现机车走行。电力机车拥有很多优点，综合性能比蒸汽机车和内燃机车更强，不仅广泛用于干线铁路的运营，而且几乎服务于所有的城市轨道交通中。

任务目标

1. 掌握电力机车的优点。
2. 了解电力机车机械部分的组成及各部分的作用。
3. 掌握机车轴列式。

任务实施

机车是牵引或推送铁路车辆运行，而本身不装载营业载荷的自推进车辆，俗称火车头。按运送每吨千米消耗燃料量计算，机车是耗能最少的陆地运输工具。电力机车是铁道机车的一种，与蒸汽机车、内燃机车不同，其本身不具有原动机，是一种非自给式机车。

电力机车是一种由外部接触网供电，然后经过一系列变压、变流过程，转换成牵引电动机所需要的电压、电流，再牵引电动机（直流电机或交流电机）驱动车轮运行的机车。电力机车具有清洁、无污染、功率大、速度快、热效率高、运行可靠等优点，适用于铁路干线运输。

交流传动电力机车工作原理动画扫码观看

1.1.1　电力机车的优越性

1. 功率大，速度高

由于电力机车上没有牵引用的能源和燃料储备，同时，蒸汽机和内燃机由于受机车空间的限制，其功率不可能太大，所以在同等机车重量下，电力机车功率要比自给式机车更大，加之电网容量超过机车功率很多倍，使得现代电力机车向重载、高速方向发展成为现实。

2. 清洁无污染

电力机车的动力取自电能，无任何有害排放物，是十分理想的绿色交通工具。

3. 综合利用资源，降低能源消耗

电力机车所需要的电能可以由水力、风力、太阳能等转换而来，只要有相应的发电站，就可以利用相应的能量，降低能源的消耗，做到资源综合利用，节约大量能源。

4. 工作条件舒适

电力机车作为现代化的牵引动力，乘务员在劳动强度、噪声、采光、振动、隔热等方面都有很大改善，工作条件优于蒸汽机车和内燃机车。

5. 热效率高，成本低

热效率是指对于特定热能转换装置，其有效输出的能量与输入的能量之比。蒸汽机车的热效率只有 7%；内燃机车的热效率虽较高，也仅为 28%；而采用火力发电的电力机车，其热效率可达 30%，若以水力发电，热效率更是能达到 60% ~ 70%。同时电力机车无非生产性消耗，运输成本低，经济效益高。

6. 维修便利，成本低

电力机车上有大量的电器设备，电器设备具有保养容易、维修量小、检修周期短等特点。

7. 适应能力和过载能力强

电力机车在运行中没有水消耗，不影响其在无水区和缺水区的运行。电力机车的能量来自强大的供电系统，因此，电力机车的过载能力仅受牵引电机的限制，而牵引电机的过载能力是比较高的。

1.1.2 电力机车的组成

电力机车由电气部分、空气管路系统和机械部分三大部分组成。

电气部分包括牵引电动机、牵引变压器、整流硅机组、变流器等各类电气设备，可通过这些电气设备把接触网的电能转化为机械能，同时实现对机车的控制。

空气管路系统包括风源系统、制动机管路系统、控制管路系统和辅助管路系统，用于实现机车的制动、升弓、撒砂等动作。

机械部分包括车体、转向架、车体与转向架的连接装置和牵引缓冲装置。其各部分的组成和作用如下。

1. 车体

车体是电力机车上部车厢部分，按功能可分为司机室和机器间（机械间）。

（1）司机室：机车乘务人员操纵机车的工作场所。现代电力机车一般设置两端司机室，便于机车的双向行驶。

（2）机器间：用于安装各种电气和机械设备，一般分为若干个室，设备按照一定的特点分室布置。

复兴号动力转向架组成动画扫码观看

2. 转向架

转向架是机车的走行部分，它是电力机车机械部分中最重要的组成部分，其主要包括以下部分：

（1）构架：转向架承受和传递各种力的基础受力体，也是转向架众多部件的连接基体。

（2）轮对：机车在线路上的走行部件，由车轴、车轮和传动大齿轮组成。

（3）轴箱：作为构架和轮对的中间联系，用于固定轴距，使轮对保持正确位置，安装轴承等。

（4）轴箱悬挂装置：也称一系悬挂，用于缓和线路不平顺对机车的冲击，减轻动作运力的危害，保证机车平稳运行。

（5）齿轮传动装置：通过齿轮将牵引电动机的功率和转矩传递给轮对，降低转速，增大转矩。

（6）牵引电动机：将电能转变成机械能，驱动轮对在线路上走行。

（7）基础制动装置：机车制动系统的执行部件，其作用是把充入制动缸的压缩空气在活塞上产生的推动力增大若干倍以后均匀地传给各个闸瓦或闸片，使之压紧车轮踏面或制动盘而产生制动作用。

3. 车体与转向架的连接装置

车体与转向架的连接装置设置在车体和转向架之间。它既是承载装置，又是牵引装置，同时还是转向架与车体之间的连接装置和活动关节。

牵引缓冲装置动画扫码观看

4. 牵引缓冲装置

牵引缓冲装置主要包括车钩和缓冲器，它是机车与机车或车辆的连接装置，并且能缓和连挂和运行中的冲击和振动。

1.1.3 机车型号和轴列式

1. 机车型号

根据《铁路技术管理规程》中的规定，机车应有包括类型在内的识别标记。我国习惯上采用汉字（汉字拼音）表示国产机车的类型，如用“韶山”（SS）、“和谐”（HXD）表示电力机车。在汉字或汉字拼音字母的右下角标注数字，表示该型机车投入运用的序号，如 SS_4、HXD_3 等。

机车编号为机车型名后面的四位号码；型名加上编号，即成为机车的型号。$HXD_3$0001 机车的型号如图 1-1 所示。

图 1-1　$HXD_3$0001 机车

机车轴列式动画扫码观看

2. 机车轴列式

轴列式是指用数字或字母表示机车走行部分结构特点的一种简单方法，主要反映了一台机车转向架的数目和每台转向架上车轴的数量。它既可以用数字表示，也可以用字母表示，用数字表示的称为数字表示法，用字母表示的称为字母表示法。

（1）数字表示法。

数字表示每台转向架的动轴数；数字的个数表示机车转向架数；注脚“0”表示每一动轴为单独驱动，无注脚表示每台转向架的动轴为成组驱动；数字之间的“-”表示转向架之间无直接的机械连接，“+”表示转向架之间为活结连接。例如，HXD_3 型电力机车的轴式为 3_0-3_0，表示机车为两台三轴转向架，动轴为单独驱动。SS_4 改型电力机车的轴列为 2（2_0-2_0），表示为两节机车，每节为两台两轴转向架，动轴为单独驱动。

（2）字母表示法。

即用英文字母表示每台转向架的动轴数。英文字母 A、B、C…分别对应数字 1、2、3…，其他含义与数字法相同。例如，3_0-3_0 可表示为 C_0-C_0；2（2_0-2_0）可表示为 2（B_0-B_0）。

为了区别无动力转向架与有动力转向架，常在表示轴的数字或英文字母的右上角加“′”表示具有动力的转向架。但电力机车转向架都是有动力转向架，故常常将角标省略不写。

现除蒸汽机车外，内燃机车和电力机车均已改用字母法表示轴列式。

任务考核

1. 电力机车相比于其他机车有何优势？
2. 简述电力机车的组成。
3. 如何用轴列式来表示机车走行部的结构特点？

任务 1.2　我国电力机车发展史

任务描述

中国电力机车的发展历程，是一部从探索到领先、从跟随到引领的历史。在新的历史时期，中国电力机车将继续秉承创新精神，推动铁路运输事业的发展，为实现交通强国梦助力。随着互联网、大数据、人工智能等技术的发展，我国电力机车开始向智能化方向迈进，无人驾驶、故障预测与健康管理等技术在电力机车领域得到应用。

任务目标

1. 了解我国电力机车的发展历史。
2. 了解电力机车机械部分的主要参数。

我国电力机车发展史（直流机车部分）微课视频扫码观看

任务实施

1.2.1　直流电力机车部分

我国电气化铁路从 1958 年开始筹建，电力机车的研究也同时起步，经过 60 多年的发展，已形成了跨及 $SS_1 \sim SS_9$ 型 4、6、8、12 轴的韶山系列交-直流传动电力机车型谱。

1. 韶山 1 型电力机车

韶山 1 型电力机车是我国第一代（有级调压、交直传动）电力机车。它是由我国 1958 年试制成功的第一台引燃管 6Y1 型电力机车逐步演变而来的。1968 年，经过对 6Y1 型机车 10 年的研究改进，在中国半导体工业取得发展的条件下，将引燃管整流改为大功率半导体整流，试制出韶山 1 型，代号 SS_1，如图 1-2 所示。韶山 1 型电力机车获全国科学大会奖。机车持续功率 3 780 kW，最大速度 90 km/h，车长 19 400 mm，轴式 C_0-C_0，电流制为单相工频交流。

2. 韶山 2 型电力机车

1969 年，株洲电力机车研究所和株洲电力机车厂联合研制了韶山 2 型电力机车试验车，代号 SS_2，如图 1-3 所示。主电路采用高压侧调压、硅半导体桥式整流集中供电线路。1971 年和 1974 年又先后进行了两次重大的技术改造，应用了大功率可控硅元件和电子技术，实现无级调速。同时，采用他励牵引电动机等，大大改善了机车牵引性能，为中国电力机车的发展积累了宝贵的经验。机车持续功率达到 4 620 kW，最大速度 100 km/h，车长 20 000 mm，轴式 C_0-C_0，电流制为单相工频交流。

图 1-2　韶山 1 型电力机车

图 1-3　韶山 2 型电力机车

3. 韶山 3 型电力机车

韶山 3 型电力机车是株洲电力机车厂 1978 年设计试制的大功率电力机车。1989 年开始批量生产，如图 1-4 所示。该车采用大功率硅整流管和晶闸管组成的不等分三段桥式全波整流电路，晶闸管相控平滑调压和补偿绕组的脉冲串励四极牵引电动机。机车具有恒流起动、准恒速运行、加馈电阻制动、防滑防空转及轴重转移电气补偿等特性，起动平稳、加速度大、牵引性能好、制动特性优越、性能可靠，因此获国家科技进步二等奖、国家优质产品奖。机车功率持续 4 350 kW，最大速度 100 km/h，车长 20 200 mm，轴式 C_0-C_0，电流制为单相工频交流。

韶山 3B 型电力机车，代号 SS_3B，是株洲电力机车厂 2002 年在韶山系列机车的设计平台上开发的一种 12 轴重载货运电力机车。该车由两节完全相同的 6 轴电力机车通过内重联环节连接组成，每节车为一个完整系统，如图 1-5 所示。机车功率持续 2 × 4 350 kW，最大速度 100 km/h，车长 2 × 20 200 mm，轴式 2（C_0-C_0），电流制为单相工频交流。

图 1-4　韶山 3 型电力机车

图 1-5　韶山 3B 型电力机车

4. 韶山 4 型电力机车

韶山 4 型电力机车为干线货运电力机车，代号 SS_4，是株洲电力机车厂于 1985 年设计试制的 8 轴货运电力机车，如图 1-6 所示。该车型由各自独立又互相联系的两节车组成，每节车均为一个完整的系统，获国家科技进步一等奖。机车功率持续 6 400 kW，最大速度 100 km/h，车长 2 × 15 200 mm，轴式 2（B_0-B_0），电流制为单相工频交流。

图 1-6　韶山 4 型电力机车

韶山 4 改进型电力机车，其代号为 SS_4G。该车型是在 SS_4、SS_5 和 SS_6 型电力机车的基础上，吸收了一些先进技术后设计而成的。机车由各自独立的又互相联系的两节车组成，每一节车均为一个完整的系统。如图 1-7 所示。主电路采用三段不等分半控调压整流电路。机车功率持续 6 400 kW，最大速度 100 km/h，车长 2 × 15 200 mm，轴式 2（B_0-B_0），电流制为单相工频交流。

图 1-7　韶山 4 改型电力机车

5. 韶山 5 型电力机车

韶山 5 型电力机车是用于牵引准高速列车的试验车型，为“七五”国家重点科技攻关项目，于 1988 年至 1989 年间设计而成。两台车分别于 1990 年 9 月和 10 月落成，SS_5 型电力机车的制造经验与试验结果,为 1994 年起制造的 SS_8 型电力机车提供了技术基础。机车持续功率 3 200 kW，最高速度 140 km/h，车长 20 000 mm，轴式 B_0-B_0，电流制为单相工频交流，如图 1-8 所示。

图 1-8　韶山 5 型电力机车

6. 韶山 6 型电力机车

韶山 6 型铁路干线客货两用电力机车是为郑州—宝鸡铁路电气化工程国际招标而设

计的。该型机车以成熟的韶山型电力机车系列的技术为基础，并采用了大量的国际先进技术，具有起动加速度快、牵引力大、恒功速度范围宽、操纵方便、工作可靠等特点。机车功率持续 4 800 kW，最大速度 100 km/h，车长 20 200 mm，轴式 C_0-C_0，电流制为单相工频交流，如图 1-9 所示。

图 1-9　韶山 6 型电力机车

7. 韶山 7 型电力机车

韶山 7 型电力机车是交直传动相控电力机车，它是“八五”期间的重点科研项目。其研制目的是采用 $3B_O$ 转向架，以适用于山区小曲率半径线路，以减小机车轮缘磨耗，并提高机车牵引能力。SS_7 型电力机车及其派生系列均由大同机车厂、成都机车车辆厂和株洲电力机车研究所共同研制。机车功率持续 4 800 kW，最大速度为：货运 100 km/h、客运 135 km/h，车长 20 200 mm，轴式 B_0-B_0-B_0，如图 1-10 所示。

图 1-10　韶山 7 型电力机车

韶山 7B 型重载货运电力机车，代号 SS_7B，是于 1996 年设计完成，1997 年试制成功的一种新型重载货运电力机车。该车是韶山 7 型电力机车系列化产品之一，其走行部、传动系统等，引进、消化、吸收了国外交-直机车的先进成熟技术，达到国内先进水平，并接近世界水平。机车功率持续 4 800 kW，最大速度 100 km/h，车长 20 200 mm，轴式 B_0-B_0-B_0，电流制为单相工频交流，如图 1-11 所示。

图 1-11　韶山 7B 型电力机车

韶山 7C 型电力机车，代号 SS_7C。该车是从牵引客车的实际出发，吸收国内外客车的成熟经验，对机车的牵引性能、动力学性能、主要电机电器性能等方面进行了专门设计，是韶山 7 型电力机车系列化产品之一。机车功率持续 4 800 kW，最大速度 120 km/h，车长 20 200 mm，轴式 B_0-B_0-B_0，电流制为单相工频交流，如图 1-12 所示。

图 1-12　韶山 7C 型电力机车

韶山 7D 型客运电力机车，代号 SS_7D，是由大同机车厂、株洲电力机车研究所、成都机车车辆厂联合研制的适应我国铁路提速需要的新产品，也是韶山 7 型电力机车系列化产品之一。机车功率持续 4 800 kW，最大速度 170 km/h，车长 20 200 mm，轴式 B_0-B_0-B_0，电流制为单相工频交流，如图 1-13 所示。

韶山 7E 型客运电力机车，代号 SS_7E，为六轴干线客运电力机车。它借鉴韶山 7D 型电力机车上的成熟技术，走行部采用 $2C_0$ 转向架，如图 1-14 所示。同时，辅助电路采用辅助逆变器供电、车体流线型等，其由大同电力机车有限责任公司研制。机车功率持续 4 800 kW，最大速度 170 km/h，车长 20 800 mm，轴式 C_0-C_0，电流制为单相工频交流。

图 1-13　韶山 7D 型电力机车

图 1-14　韶山 7E 型电力机车

8. 韶山 8 型电力机车

韶山 8 型电力机车是用于准高速干线客运的交直传动相控电力机车。它是“八五”期间国家重点科技攻关项目，由株机厂和株洲所共同研制。SS_8 型电力机车 0001 号，于 1998 年 6 月 24 日在京广线的许昌至小商桥区间创造了 240 km/h 的当时中国铁路第一速。SS_8 型电力机车对推动我国客运准高速及高速机车的发展具有重要意义。机车功率持续 3 600 kW，最大速度 240 km/h，车长 17 516 mm，轴式 B_0-B_0，电流制为单相工频交流，如图 1-15 所示。

9. 韶山 9 型电力机车

韶山 9 型电力机车，以成熟的韶山型系列电力机车技术为基础，采用了许多国际客运机车先进技术，是当时我国干线铁路牵引旅客列车功率最大的机车。功率持续 4 800 kW，最大速度 170 km/h，车长 22 216 mm，轴式 C_0-C_0，如图 1-16 所示。

图 1-15　韶山 8 型电力机车

图 1-16　韶山 9 型电力机车

2002 年，株洲厂从 0044 号机车开始了技术改造，主要对其通风方式、外形等方面进行了较大改动，形成了 SS_9G 机车，即韶山 9 改型电力机车。其基本性能与 SS_9 相同，如图 1-17 所示。

图 1-17　韶山 9 改型电力机车

我国电力机车发展史（交流机车部分）微课视频扫码观看

1.2.2　交流电力机车部分

国家《中长期铁路网规划》于 2004 年经国务院审议通过。《中长期铁路网规划》提出，要把提高装备国产化水平作为“十一五”和今后铁路建设一项重要内容来抓。以客运高速和货运重载为重点，坚持将引进的先进技术与自主创新相结合，快速提升铁路装备水平，早日达到或接近发达国家水平。这为牵引动力的大发展迎来了又一次飞速发展的黄金时期，使我国牵引动力和载运工具进入了一个升级换代阶段，积极发展交流传动技术，逐步完成由直流传动向交流传动的过渡。

和谐系列电力机车是南车集团和北车集团（现合并为中国中车）与国外企业合作，引进先进技术，并国产化的新一代交流传动客、货运机车。

和谐后的数字，1 代表株洲电力机车厂，2 代表大同机车制造厂，3 代表大连机车制造厂。

1. 和谐 1 系列电力机车

HXD_1 型“和谐”电力机车是由西门子公司和株洲电力机车有限公司联合研制，结合 DJ_1 型电力机车在大秦铁路的运用经验而开发研制的干线货运用八轴大功率交流传动电力机车，持续功率为 9 600 kW，最高运行速度为 120 km/h，如图 1-18 所示。

图 1-18　和谐 1 型电力机车

HXD_1B 型六轴电力机车是株洲电力机车在 HXD_1 型电力机车设计制造技术平台的基础上研制的。该型机车采用 IGBT 牵引变流器、单轴控制技术，单轴交流电牵引电动机最大功率 1 600 kW、总功率 9 600 kW，轴式 C_0-C_0，如图 1-19 所示。

图 1-19　和谐 1B 型电力机车

HXD_1C 型电力机车由株洲电力机车有限公司开发研制而成，是在 HXD_1、HXD_1B 型电力机车设计制造技术平台的基础上，该型机车是为满足中国铁路干线货运需要而研发的大功率交流传动干线货运六轴电力机车，持续功率为 7 200 kW，最高运行速度为 120 km/h，如图 1-20 所示。

图 1-20　和谐 1C 型电力机车

HXD_1D 型电力机车，是中国铁路广泛使用的交流传动客运电力机车之一，是株洲电力机车有限公司在国家创新政策指引下，通过自主创新研制的首个满足我国铁路干线客运对先进客运轨道交通需求的全新型产品。其成功研制标志着我国铁路干线客运轨道交通装备从直流传动平台向交流传动平台的转换。机车持续功率 7 200 kW，最高运营速度 160 km/h，轴式 C_0-C_0，如图 1-21 所示。

图 1-21　和谐 1D 型电力机车

HXD_1F 型电力机车是世界单轴牵引力最大的重载电力机车，搭建了 27 t/30 t 大轴重 B_0-B_0 交流传动电力机车平台，进一步完善了我国大功率交流传动电力机车的型谱，填补了 30 t 大轴重电力机车的技术空白，更好地满足了重载货运列车对机车大牵引动力的需求，如图 1-22 所示。

图 1-22　和谐 1F 型电力机车

2. 和谐 2 系列电力机车

HXD_2 型“和谐”电力机车是由法国阿尔斯通交通运输股份有限公司和大同电力机车有限责任公司联合研制的干线货运用八轴大功率交流传动电力机车，最大功率为 10 000 kW，最高运行速度为 120 km/h，如图 1-23 所示。

图 1-23　和谐 2 型电力机车

HXD_2B 型电力机车是大功率交流电传动六轴干线货运用电力机车，是中国铁路首三款使用最大功率 9 600 kW 交流电牵引电动机的六轴“和谐型”电力机车车型之一（其余两型是 HXD_1B 和 HXD_3B），如图 1-24 所示。该型车单轴功率为 1 600 kW，额定总功率为 9 600 kW，最高运行速度为 120 km/h。

图 1-24　和谐 2B 型电力机车

HXD_2C 型大功率交流传动电力机车是大同电力机车有限责任公司自主创新的车型。该型车具有技术先进、适用范围广、兼容性强、工艺性好、性价比高、维护方便快捷等明显优势。机车单轴功率 1 200 kW，总功率达到 7 200 kW，可实现单机牵引 5 000 ~ 6 000 t 重载货物列车，如图 1-25 所示。机车吸收了国内外先进电力机车的成熟技术，机车技术指标达到了世界一流。

图 1-25　和谐 2C 型电力机车

HXD_2D 快速客运机车是基于 HXD_2 系列机车技术平台，为适应中国铁路使用环境而设计的铁路干线用六轴 7 200 kW 客运电力机车，机车主要结构与部件采用先进成熟的在 HXD_2、HXD_2B、HXD_2C 电力机车上运用的技术，机车单轴功率 1 200 kW，最高运营速度 160 km/h，如图 1-26 所示。

图 1-26　和谐 2D 型电力机车

HXD_2F 型交流传动货运电力机车是大同电力机车有限责任公司完全自主创新设计的中国历史上第一台符合国际重载标准的大轴重机车，是中国铁路向国际重载货运技术发展方向研制的新一代重载货运机车，将中国机车轴重从 25 t 大幅提升到 30 t，机车采用交-直-交电传动系统，具有牵引扭矩大、黏着特性好、恒功起始点前移、网络通信快、控制方式灵活、制动平稳性高、适用范围广、防雾闪能力强、操作运用简统化程度高等优点，机车起动牵引力较既有机车提升 20%，适用于万吨级以上重载列车的牵引，如图 1-27 所示。

图 1-27　和谐 2F 型电力机车

3. 和谐 3 系列电力机车

HXD_3 型电力机车，早期被称为 SSJ_3 型、DJ_3 型和神龙 1 型，是中国铁路的电力机车车型之一，由大连机车车辆有限公司和日本东芝公司联合开发研制而成。该型机车是为满足中国铁路客货需要而研发的大功率交流传动干线客货两用六轴电力机车，采用交-直-交流电传动，持续功率为 7 200 kW，最高运行速度为 120 km/h，如图 1-28 所示。

HXD_3B 型电力机车是由大连机车车辆有限公司和加拿大庞巴迪运输集团联合研制，在 HXD_3 型电力机车设计制造技术平台的基础上，借鉴庞巴迪公司的 IORE 型电力机车，为满足中国铁路重载货运需要而诞生的大功率交流传动干线货运用六轴电力机车，持续功率为 9 600 kW，最高运行速度为 120 km/h，如图 1-29 所示。

图 1-28　和谐 3 型电力机车

图 1-29　和谐 3B 型电力机车

HXD_3C 型电力机车是在 HXD_3 型和 HXD_3B 型电力机车基础上研制的交流传动六轴 7 200 kW 干线客货通用电力机车，如图 1-30 所示。该机车通过更换增加供电绕组的变压器，增加列车供电柜、供电插座、客货转换开关、双管供风装置等，使机车具有牵引旅客列车的功能，并可以向旅客列车提供风源及稳定的 DC 600 V 电源。该车具有适应能力强，可靠性较高，启动加速快，牵引力大，恒功范围宽的优点，能够大幅提高旅客列车的旅行速度，与 25 G 型客车良好匹配。

图 1-30　和谐 3C 型电力机车

HXD_3D 型机车是交流电传动六轴干线客运电力机车，由大连机车车辆有限公司研发及生产，并在 2013 年批量生产，如图 1-31 所示。总功率 7 200 kW，最大运营速度 160 km/h。HXD_3D 与 HXD_1D 型机车可共同缓解全路准高速机车运用的紧张状况，填补交流传动大功率机车在准高速范围内实际运用的空白。

图 1-31　和谐 3D 型电力机车

HXD_3A 型电力机车是由大连机车车辆有限公司研发生产，在 HXD_3 型电力机车设计制造技术平台的基础上，借鉴庞巴迪公司的技术，为满足中国铁路重载货运需要而诞生的大功率交流传动干线货运用电力机车，功率为 9 600 kW，最高运行速度为 120 km/h。此车在试验测试阶段原出厂车型号为 HXD_3E，后更改为 HXD_3A，如图 1-32 所示。

图 1-32　和谐 3A 型电力机车

60 多年来，通过铁路工作者自力更生、艰苦奋斗、自强不息地奋斗，我国电力机车实现了从直流传动到交流传动、从普速到高速、从常载到重载、从电机半悬挂到电机全悬挂、从电阻制动到再生制动、从有接点控制到 LCU（逻辑控制单元）的发展之路。

1.2.3　部分电力机车机械部分主要技术参数

电力机车的技术参数主要包括轴重、单轴功率和结构速度等。

1. 轴　重

机车在静止水平状态下，每个轮对作用在钢轨上的重量，称为轴重。轴重越大，每根轴能发挥的黏着牵引力越大，但对线路的影响和破坏也越大。

轴重限制和机车的运行速度有关。一般来说，结构速度 160 km/h 以下，轴重限制为 22 ~ 23 t；结构速度 160 ~ 200 km/h，轴重限制为 19 ~ 21 t；结构速度 200 ~ 250 km/h，轴重限制为 16 ~ 17 t。

2. 单轴功率

机车每根轮轴所能发挥的功率，称为单轴功率。相同的机车重量条件下，单轴功率越大，机车能达到的速度越高。

单轴功率反映了牵引电动机和转向架的制造水平。

3. 结构（构造）速度

转向架在结构（构造）上所允许的机车最大运行速度，称为结构（构造）速度。机车运营速度应小于结构速度。结构速度反映了转向架乃至机车的制造水平。

我国常用的几种电力机车的机械部分主要技术参数见表 1-1。

表 1-1　几种电力机车的机械部分主要技术参数

项目	车型				
	SS_4改	SS_9	HXD_1	HXD_3	HXD_3
制造年代	1993 年	2001 年	2006 年	2007 年	2006 年
用途	货运型	准高速客运型	货运型	货运型	货运型
轴列式	2（B_0-B_0）	C_0-C_0	2（B_0-B_0）	2（B_0-B_0）	C_0-C_0
机车总质量/t	184	126	2 × 92/2 × 100	2 × 92/2 × 100	138/150
机车轴重/t	23	21	23/25	23/25	23/25
转向架质量/t	21.2	31.5	20.06	18.69	30.193
机车宽度/mm	3 100	3 105	3 094	2 850	3 100
机车车顶距轨面高度/mm	4 040	4 132	4 020	3 866	4 100
车钩中心线距/mm	2 × 16 416	22 216	35 222	2 × 18 975	20 846
车钩中心线高度/mm	880±10	880±10	880±10	880±10	880±10
转向架轴距/mm	2 900	2 150 + 2 150	2 800	2 600	2 250 + 2 000
转向架中心距/mm	8 200	11 570	8 900	10 060（单节）	
牵引点高度/mm	12	460	240		240
车轮直径/mm	1 250	1 250	1 250	1 250	1 250
机车功率（持续制）/kW	6 400	4 800	9 600	10 000	7 200
机车速度（持续制）/（km/h）	51.5	99	70/65	70/65	70/65
机车速度（最高）/（km/h）	100	170	120	120	120
机车牵引力（持续制）/kN	436.5	169	494/532	514/554	370/400

续表

项目	车型				
	SS_4改	SS_9	HXD_1	HXD_3	HXD_3
机车牵引力（起动）/kN	628	286	≥700/≥760	≥700/≥760	520/570
传动方式	双边刚性斜齿轮	单边直齿六连杆空心轴弹性传动	单边斜齿传动	单边直齿传动	单边斜齿传动
电机悬挂方式	抱轴式半悬挂	架悬式	抱轴式半悬挂	抱轴式半悬挂	抱轴式半悬挂
齿轮传动比	88/21	77/31	106/17	120/23	101/21
一系悬挂静挠度/mm	139	49.5	38		43.5 + 5.6/48.6 + 5.6
二系悬挂静挠度/mm	6	96	103		90.3 + 1.43 × 2/104.2 + 1.64 × 2
牵引方式	中央斜杆推挽式	平行牵引杆	中间斜拉杆推挽式	单根低位推挽牵引杆	推挽式中央平拉杆
基础制动装置	独立作用式闸瓦间隙自调	独立作用式闸瓦间隙自调	轮盘制动单元（带储能）	踏面制动器（每转向架1个带停放制动）	轮装式盘型制动

任务考核

1. 我国电力机车现有哪些直流和交流机车车型？
2. 请简述韶山4改型机车和和谐3型机车的机械部分主要技术参数。

巩固练习

1.【单选题】以下不属于电力机车特点的是（　　）。

A. 功率大　　B. 降低能源消耗

C. 工作条件舒适　　D. 维修工作量较大，成本较高

2.【单选题】以下不属于电力机车三大组成部分的是（　　）。

A. 电气部分　　B. 机械部分

C. 液压传动部分　　D. 空气管路系统

3.【多选题】哪几项属于电力机车的机械部分（　　）。

A. 车体　　B. 转向架

C. 车体和转向架的连接装置　　D. 牵引缓冲装置

4.【单选题】这是电力机车转向架的（　　）。

A. 构架　　B. 轮对

C. 轴箱　　D. 基础制动装置

5.【单选题】这是电力机车的（　　）。

A. 构架　　B. 轮对

C. 轴箱　　D. 基础制动装置

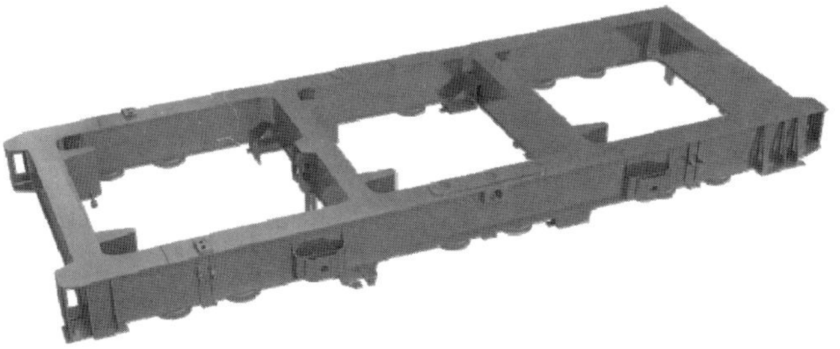

6.【单选题】这是电力机车车体的（　　）。

A. 顶盖　　B. 司机室

C. 底架　　D. 侧墙

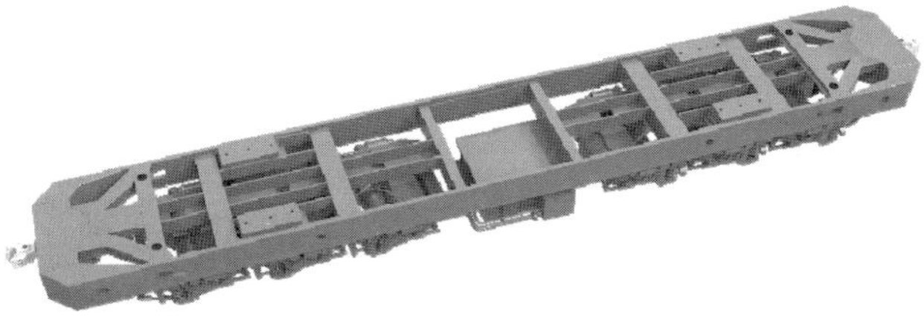

7.【单选题】这是电力机车机械部分的（　　）。

A. 车体　　B. 转向架

C. 车体和转向架的连接装置　　D. 车钩缓冲器

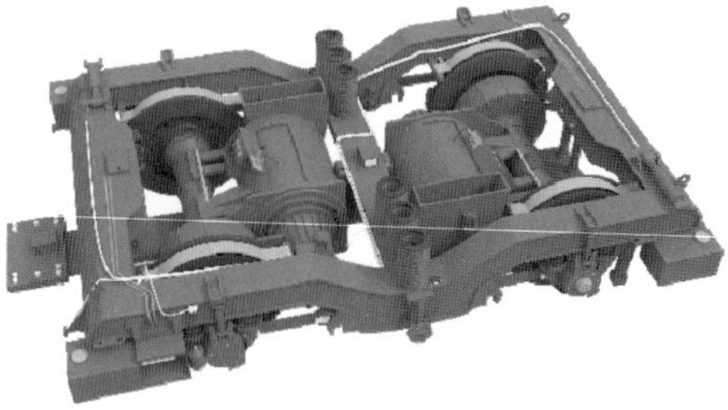

8.【单选题】SS_4改机车的轴列式是（　　）。

A. B_0-B_0　　B. 2（B_0-B_0）

C. C_0-C_0　　D. 2（C_0-C_0）

9.【单选题】HXD_3 型机车的轴列式是（　　）。

A. B_0-B_0　　　　B. 2（B_0-B_0）

C. C_0-C_0　　　　D. 2（C_0-C_0）

10.【判断题】电力机车的平均热效率略低于内燃机车（　）。

11.【判断题】电力机车是一种自给式机车（　）。

12.【判断题】电力机车是一种通过外部接触网或轨道供电，由牵引电机驱动的现代化牵引动力（　）。

项目 2

电力机车车体和设备布置认知

项目简介

车体是电力机车的重要组成部分，是乘务人员操纵、保养和维修机车的场所，也是机车上绝大部分机械、电气设备的安装场地，同时，在机车运行过程中，车体还要承受垂向、纵向和横向的载荷，并传递机车牵引力和制动力。

本项目主要介绍电力机车车体的作用、类型、结构和车体设备的布置情况等知识。

项目教学目标

✓ **知识目标：**

1. 掌握电力机车车体的作用、类型和对车体的要求。
2. 熟悉韶山 4 改型和和谐 3 型机车车体的结构组成、特点。
3. 掌握电力机车车体设备布置原则。
4. 熟悉韶山 4 改型和和谐 3 型机车车体的设备布置情况。

✓ **技能目标：**

1. 能够认识电力机车的车体组件。
2. 能够熟知指定电力机车的车体设备布置情况。

✓ **素质目标：**

1. 让学生养成严格遵守操作规程的职业素养。
2. 培养学生爱岗敬业、乐于奉献的职业精神。

课时建议

10 课时。

认识车体微课视频扫码观看

任务 2.1　电力机车车体认知

任务描述

车体是机车的上部车厢部分，是一个由底架、侧墙、顶盖和司机室组成的箱体壳形结构。车体承受垂向、纵向和横向的载荷并安设大部分机械、电气设备。

任务目标

1. 掌握车体的作用。
2. 掌握对车体的要求。
3. 掌握车体的分类。

任务实施

2.1.1　车体的作用

车体主要有以下作用。

1. 乘务人员的工作场所

车体内设有司机室和机器间，机器间一般又分为若干个室，如变压室、高压室、低压室、机械室等。乘务人员在车体完成对设备的操纵、保养和维护等工作。

2. 设备的安装场地

车体安装机车上大部分的电气和机械设备，并保护车内设备不受风沙雨雪的侵蚀。

3. 传递垂向力

车体内外各种设备的重量都要通过车体和车体支承装置传递给转向架。

4. 传递纵向力

车体将转向架传来的牵引力、制动力经缓冲器传给车钩，完成机车的牵引和制动。

5. 传递横向力

在机车运行中，车体要承受各种横向作用力，如离心力、风力、轮轨侧压力等。

2.1.2　对车体的要求

由于车体的功能要求和受力的复杂、严重，以及为满足现代化铁路运输的需要，对机车车体的要求变得越来越高，主要包括以下几个方面。

1. 有足够的强度和刚度

即机车在允许的结构速度内，保证车体骨架结构不发生破坏和较大变形，以确保机车运行的安全性和可靠性。

2. 适当减轻车体重量

为了提高机车的速度，应尽量减轻车体的自重，而且要求车体在各个方向上做到重量均匀、重心低。同时，随着机车功率的提高，机车的重量也相应增加，但机车轴重必须在允许的范围内，所以车体的重量也应该适当减轻。

3. 满足对设备操作的便利

车体结构必须保证设备拆装、保养和检修的便利。

4. 结构上保证乘务人员工作环境良好

作为现代化的牵引动力，车体设计必须充分考虑改善乘务人员的工作条件，完善通风、采光、取暖、瞭望、隔声、隔热等措施。

5. 纳入机车车辆限界尺寸

《技规》规定：机车、车辆无论空重状态，均不得超出机车车辆限界。所以车体必须纳入国家规定的机车车辆限界尺寸中。

6. 外形美观大方

车体在满足车体基本功能和空气动力学车体外形的基础上，外形应设计得美观、大方、富有时代气息。

2.1.3 车体的分类

1. 按不同用途分类

根据车体不同用途，可进行如下划分。

（1）工业电力机车车体。

在工矿运输作业中使用的电力机车，由于速度较低，且经常调换运行方向，其司机室往往设在中央，如图 2-1 所示。其特点是车体结构简单，但不便于设备安装、检查、保养，也不便于作业时的瞭望。

图 2-1 工业电力机车

（2）干线运输大功率电力机车车体。

在铁路主干线承担运输任务的电力机车，由于运行速度较高，其特点是两端设有司机室，中间为机器间，如图 2-2 所示。该型车设备安装、检修方便，司机瞭望视线开阔。

图 2-2　干线电力机车

2. 按车体承载结构分类

根据车体不同的承载方式，可进行如下划分。

（1）底架承载式车体。

底架承载式车体又称自由承载式车体，所有载荷由底架承担，侧墙、车顶不参与承载，仅起保护作用，因此侧墙结构较为轻便。由于底架承受全部上部载荷，必须保证有足够的强度和刚度，因此底架较为笨重。此种车体多用于工业电力机车车体或客车车厢。

（2）底架和侧墙共同承载式车体。

底架和侧墙共同承载式车体又称侧壁（侧墙）承载车体。由于侧墙参与承载，所以侧墙骨架较为坚固，外蒙钢板也较厚，与底架牢固地焊接在一起共同承担载荷。侧墙骨架采用型钢或钢板压型件焊接制成框架式或桁架式两种结构形式。

桁架式侧墙骨架有斜拉杆，如图 2-3 所示，强度、刚度都高于框架式侧墙骨架，但桁架式门窗开设不便，故一般多用于货车车体。框架式侧墙骨架没有斜拉杆，更易开设门窗，机车车体或客车车厢骨架多采用框架式侧墙结构，如图 2-4 所示。

图 2-3　桁架式侧墙结构

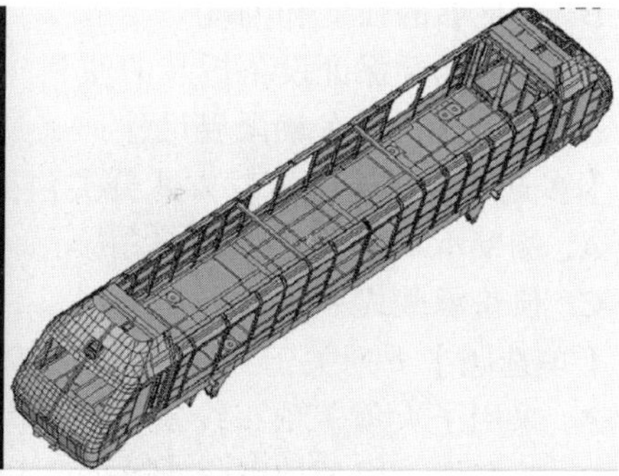

图 2-4　框架式侧墙结构

底架和侧墙共同承载式结构的车体强度大大增加，垂向强度、刚度有了可靠的保证，底架较轻，自重小，使机车的设计速度得以提高，为发展大功率高速机车提供了有利条件。

（3）整体承载式车体。

底架、侧墙和车顶组成一个坚固而轻巧的筒形承载结构。整体承载结构具有很大的强度和刚度，它的侧墙和车顶能分担相当大的载荷，因而底架结构还可以造得比侧壁承载结构更轻。

由于侧壁承载式车体与整体承载式车体的强度和刚度都有很大增强，底架设计比较轻巧，去掉了笨重的中梁，成为无中梁结构，这样一方面降低了车体的自重，另一方面便于大型设备的安装。例如将机车主变压器吊挂在底架上，使大部分重量在底架下面，这样显著降低了机车的重心，为发展大功率、高速度电力机车提供了十分有利的条件。

随着电力机车向大功率重载和高速方向发展，整体承载式车体现已广泛应用于电力机车车体中。SS_4G 和 HXD_3 型电力机车均采用整体承载式的车体。

3. 按运用速度分类

按运用速度可分为普速车体和高速车体。车体在达到一定的高速度时，空气阻力就会对速度的进一步提高产生影响，所以高速车体均采用流线型的车体外形。

任务考核

1. 机车车体有哪些作用？
2. 对车体有哪些方面的要求？
3. 车体有哪些类型？各自有何特点？

巩固练习

1.【单选题】以下不属于车体功能的是（　　）。

A. 是乘务人员操纵机车的场所　　B. 用来安设电器和机械设备

C. 在轨道上走行的部分　　D. 传递垂直、纵向和横向力

2.【单选题】以下不属于对车体的要求的是（　　）。

A. 应尽量增加车体自重，以保证机车运行的稳定性

B. 有足够的强度和刚度

C. 结构上要保证设备拆装的便利

D. 要纳入机车车辆限界尺寸

3.【多选题】车体按承载方式分类包括（　　）。

A. 侧壁承载式　　B. 底架承载式

C. 顶盖承载式　　D. 整体承载式

4.【单选题】下列关于 SS_4 改机车车体叙述错误的（　　）。

A. 采用了大顶盖预布线预布管结构

B. 较多地采用了标准化、系列化和通用化设计

C. 中央直通走廊

D. 单节单端司机室

5.【多选题】车体包括（　　）。

A. 司机室　　B. 顶盖

C. 底架　　D. 侧墙

6.【单选题】SS_4 改机车车体包括（　　）块活动可拆的顶盖。

A. 2　　B. 3

C. 4　　D. 5

7.【单选题】SS_4改机车排障器距轨面高度为（　　）mm。

A. 110±10　　B. 110 ~ 120

C. 110±5　　D. 100±5

8.【单选题】以下不属于HXD_3机车车体特点的是（　　）。

A. 包括3块活动可拆大顶盖　　B. 采用整体承载式结构

C. 采用预布线预布管技术　　D. 两侧多通式走廊

9.【单选题】HXD_3型机车底架的中梁是用来（　　）。

A. 吊挂主变压器　　B. 安设牵引缓冲装置

C. 和转向架旁承配合　　D. 安设隔墙

10.【多选题】HXD_3型机车车体底架由（　　）组成。

A. 端梁　　B. 旁承梁

C. 边梁　　D. 中梁

任务 2.2　认识SS_4改型和HXD_3型电力机车车体

任务描述

SS_4改型和HXD_3型电力机车均为重载货运机车。车体均采用整体承载式结构，主要由底架、侧墙、顶盖和司机室等组成箱体壳形结构。

任务目标

1. 熟悉SS_4改型和HXD_3型电力机车车体的结构组成。
2. 熟悉SS_4改型和HXD_3型电力机车车体的结构特点。

认识SS_4改型机车车体微课视频扫码观看

任务实施

2.2.1　SS_4改型电力机车车体结构

SS_4改型电力机车车体主要由底架、侧墙、车顶盖、司机室、台架、排障器等组成，如图2-5所示。

SS_4改型电力机车车体主要技术参数如下：

车钩中心线间距离：16 416 mm；

车体底架长度：15 200 mm；

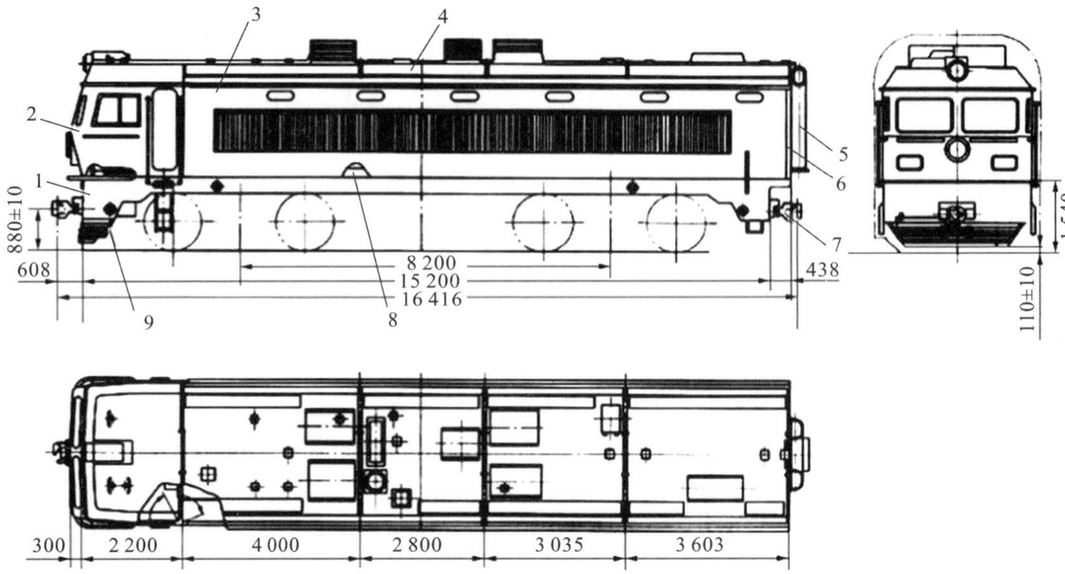

1—底架；2—司机室；3—侧墙；4—顶盖；5—连挂风挡；6—后端墙；7—牵引缓冲装置；8—台架；9—排障器。

图 2-5　SS_4改型电力机车车体总图

车体宽度：3 100 mm；

车体顶盖面距轨面高度：4 520 mm；

底架上平面距轨面高度：1 540 mm；

车钩水平中心线距轨面高度：880 mm±10 mm；

排障器最低点距轨面高度：110 mm±10 mm。

1. 底　架

底架主要由两根牵引梁、两根侧梁、两根枕梁、两根变压器横梁、两根变压器纵梁、一根台架横梁，一根隔墙梁和一些辅助横纵梁组焊而成，结构如图 2-6 所示。

（1）侧梁。

侧梁位于底架两侧，是主要承载和传力的部件，它由 380 mm × 140 mm × 10 mm 压型槽钢和 400 mm × 10 mm 钢板组焊成箱形结构，横断面如图 2-7 所示。两端与牵引梁连接处设计成鱼腹形，具有较大的抗弯扭强度和刚度。侧梁上焊有吊销装置，可用专用吊具吊起车体。

（2）枕梁。

枕梁是传递垂直载荷的主要部件。枕梁断面为钢板焊接成的箱形结构。枕梁两端座于转向架 4 个全旁承橡胶堆上，由于橡胶弹簧顶面高于两根枕梁下盖板 140 mm，且并列的两个橡胶弹簧支承面较宽，故将枕梁设计成底部挖空的藏入式结构，在宽度方向做成两端宽中间窄的变截面梁。其两端宽为 630 mm，中间宽为 430 mm，高为 260 mm，钢板厚度为 10 mm。结构如图 2-8 所示。

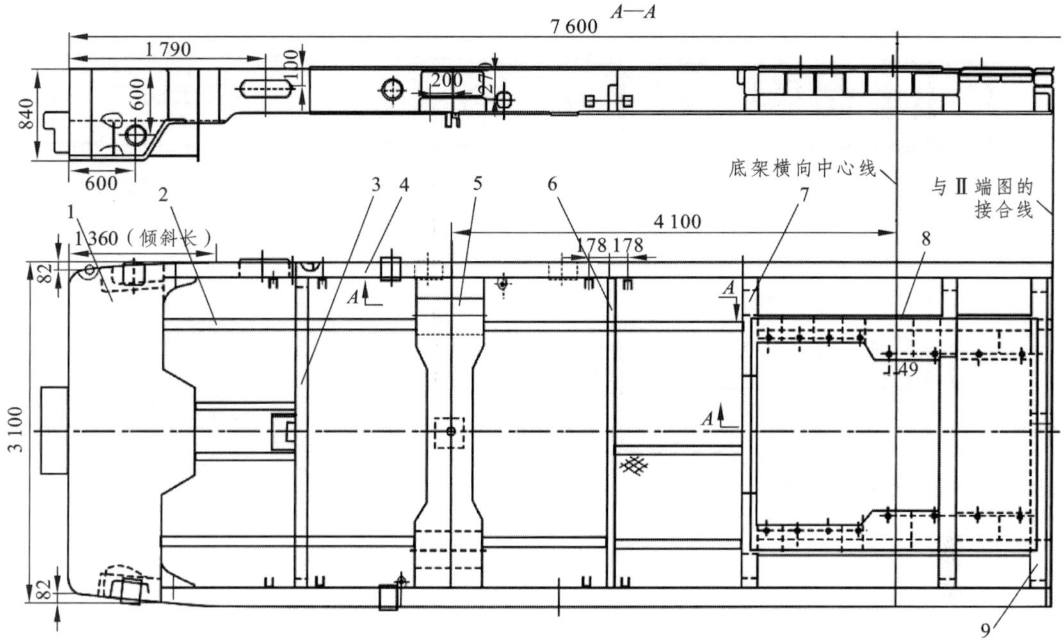

1—牵引梁；2—辅助纵梁；3—隔墙梁；4—侧梁；5—枕梁；6—横梁；
7—变压器横梁；8—变压器纵梁；9—横梁。

图 2-6　SS_4 改型电力机车底架

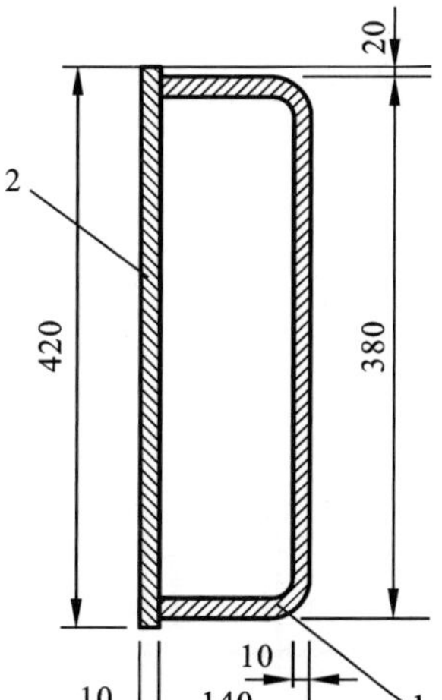

1—压型槽钢；2—钢板。

图 2-7　SS_4 改型电力机车底架侧梁横断面

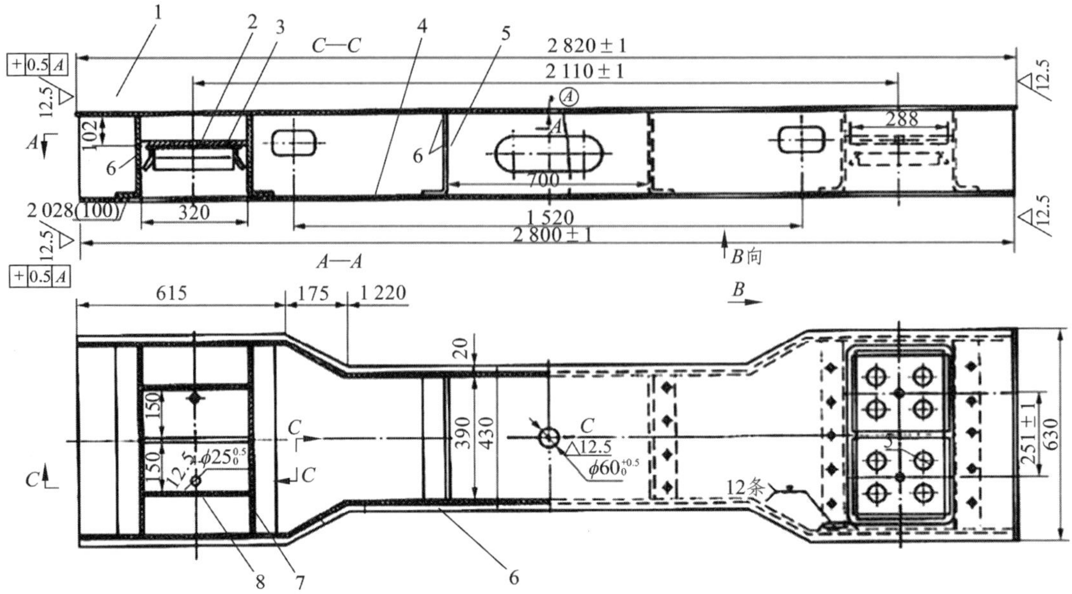

1—上盖板；2—旁承座板；3—旁承座；4—下盖板；5—弯板；6—立板；7—弯板；8—隔板。

图 2-8　SS_4 改型电力机车底架枕梁

（3）牵引梁。

牵引梁位于底架的两端，起传递牵引力、制动力和承受列车冲击力的作用。牵引梁呈 T 形，上部由钢板焊成空腹箱形梁，下部安设车钩箱，如图 2-9 所示。

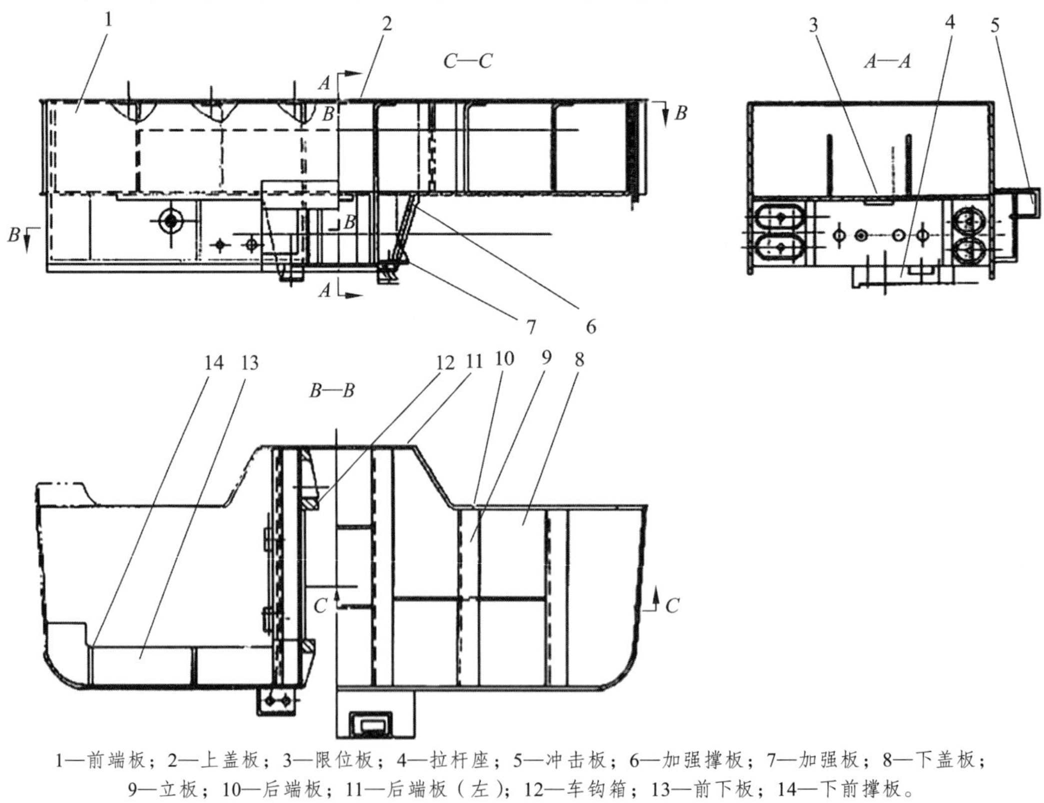

1—前端板；2—上盖板；3—限位板；4—拉杆座；5—冲击板；6—加强撑板；7—加强板；8—下盖板；9—立板；10—后端板；11—后端板（左）；12—车钩箱；13—前下板；14—下前撑板。

图 2-9　SS_4 改机车底架枕梁

（4）纵横变压器梁。

用于支撑变压器的梁体，均采用 10 mm 厚的钢板压型槽钢，梁的尺寸为 240 mm × 140 mm × 10 mm，纵变压器梁上焊有变压器安装座板及加强筋板。

（5）隔墙梁和纵横辅助梁。

隔墙梁为 8 mm 厚钢板的压型槽钢，尺寸为 200 mm × 140 mm × 8 mm。

纵横辅助梁均采用压型槽钢。纵横辅助梁不仅加强了底架的稳定性，还被用作台架、走廊及各室骨架、铁地板等处的连接构件。

2. 侧　墙

侧墙在车体两侧，作为整体承载式车体，侧墙是 SS_4 改型电力机车车体的主要承载结构之一。SS_4 改型电力机车侧墙采用传统的框架式结构。为减轻自重，侧墙立柱、横梁及外墙板均由 3 mm 厚的 16Mn 钢板及压型件焊接而成。在侧墙中间部分设有侧墙进风口，用于安装侧墙百叶窗及侧墙过滤器，侧墙上部开设 6 个采光用椭圆窗孔，如图 2-10 所示。

图 2-10　SS_4 改型电力机车车体侧墙

3. 顶　盖

车顶盖由 4 个顶盖和 3 根活动横梁组成。车顶盖上装有车顶电气设备，为了便于车内设备的拆装和满足预布线需要，各车顶盖和活动横梁做成活动可拆式，并且各车顶盖都做成宽度较大的大顶盖，为了结构通用化，各车顶盖形状、尺寸和结构形式都基本相同，顶盖断面如图 2-11 所示。

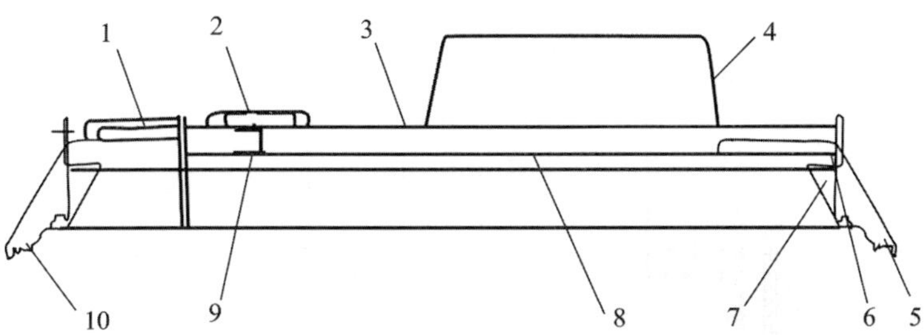

1—走道板；2—瓷瓶室；3—盖板；4—罩盖；5—密封槽；6—吊环；7—筋板；8—横梁；9—纵梁；10—边梁。

图 2-11　SS_4 改型电力机车顶盖断面

4. 司机室

由于司机室对外形、强度和安全性的特殊要求，SS_4 改型电力机车司机室的骨架在充分考虑通用化、标准化和系列化等特点的基础上设计而成。

司机室外形制成多平面组成的菱形多面体，既美观又能使风阻小。为减轻自重，司机室外墙板和骨架的主要梁柱全部采用 16Mn 钢板压制体。司机室外墙用 3 mm 厚钢板，顶板用 2.5 mm 厚钢板，外形如图 2-12 所示。

图 2-12　SS_4 改型电力机车司机室外形

5. 后端墙

因为 SS_4 改型电力机车每节车无后司机室，所以车体后端墙在车体承载构件中也显得很重要，后端墙支承在底架Ⅱ端牵引梁端部。后端墙的骨架和蒙皮均采用 3 mm 厚的 16Mn 钢板。

6. 台　架

台架是为安装车内除变压器以外的其他电气和机械设备而设置的设备。

SS_4 改型电力机车车体设有Ⅰ、Ⅱ端台架。台架面板和骨架全部采用 16 Mn 钢板。为便于安装和连接各种电气和机械设备，在骨架内焊有活动螺母，台架上设置通风机安装座和通风管道，骨架内设有安装电缆的线槽，如图 2-13 所示。

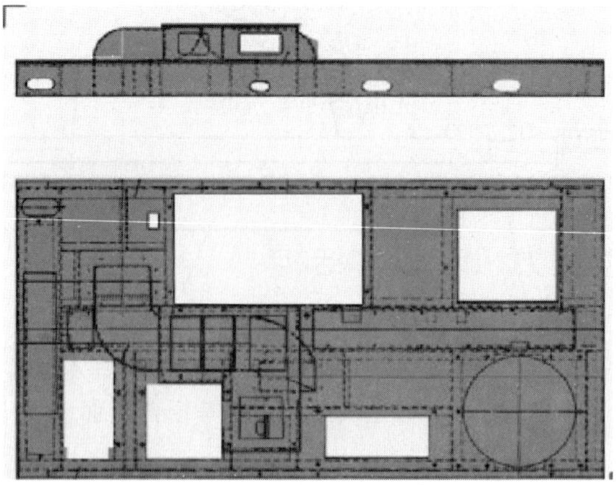

图 2-13　SS_4 改型电力机车台架

7. 排障器

排障器的作用主要是排除线路上的障碍物，以确保列车运行安全。SS_4改型电力机车仅在司机室端底架下设有管式排障器，主体由 63.5 mm × 5 mm 无缝钢管弯制组焊而成。为保证排障器最低面距轨面高度为（100±10）mm，在排障器主体下部装有高度可调节的小排障器。在排障器上设有脚踏板，可供调车作业人员使用，如图 2-14 所示。

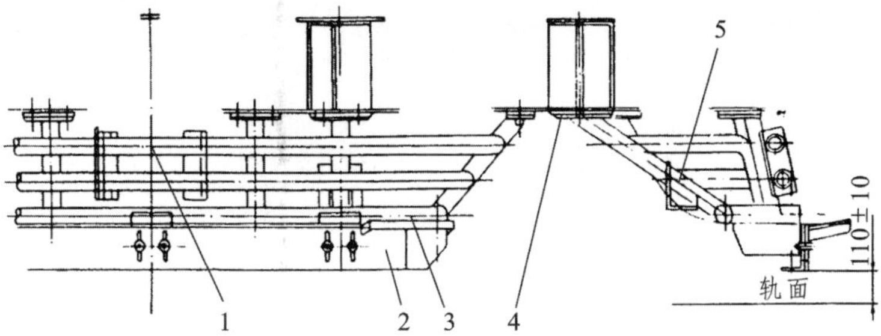

1—排障器；2—小排障器；3—踏板；4—安装座；5—感应线圈支架。

图 2-14　SS_4改型电力机车排障器

8. 车体结构特点

SS_4改型电力机车是由两节完全相同的 B_0-B_0 机车组成的大功率重载货运机车，分离后单节机车可独立运行。其车体结构具有下列特点：

（1）首次采用 16Mn（Q345B）低合金高强度钢板压型梁与钢板焊成整体承载式车体结构，既满足了强度和刚度的要求，又达到了轻量化的目的。

（2）吸收了国外电力机车的先进技术，在车体设计中采用了大顶盖预布线预布管结构和推挽式牵引方式及横移式密封侧窗结构等。

（3）为便于制造和检修，SS_4改型电力机车车体较多地进行了标准化、系列化和通用化设计，使其车体一些主要参数和零件结构尽量与 SS_4型、SS_5型和 SS_6型电力机车车体通用。

（4）采用单端司机室和两侧多通式走廊，尾端有一相通横走廊，后端墙上设有中间后端门及连挂风挡，把两节机车连接起来。

认识 HXD_3型机车车体微课视频扫码观看

2.2.2　HXD_3型电力机车车体结构

HXD_3型大功率交流传动货运机车车体为整体承载结构，主要由司机室装配、底架装配、侧墙装配、顶盖以及连接横梁等结构组成，车体总图如图 2-15 所示。

HXD_3型电力机车车体主要技术参数如下：

机车前后车钩中心：20 846 mm；

机车车体底架长度：19 630 mm；

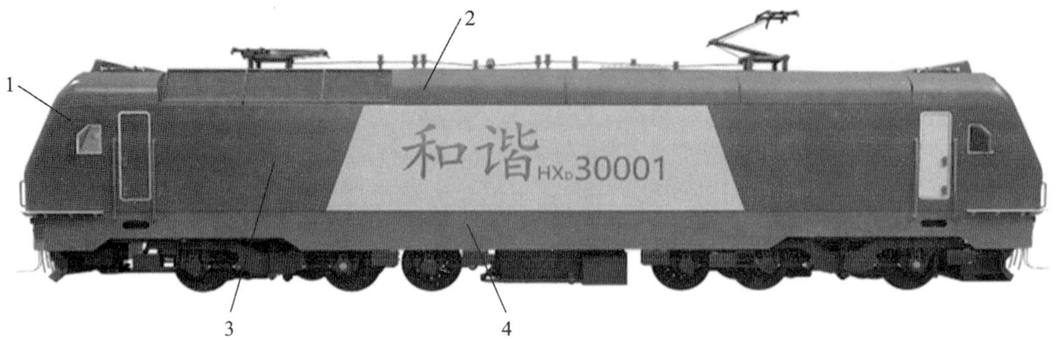

1—司机室装配；2—顶盖；3—侧墙装配；4—底架装配。

图 2-15　HXD_3 型电力机车车体总图

机车车体宽度：3 100 mm；
机车车体高度（新轮）：4 100 mm；
车钩中心线距轨面高度（新轮）：880±10 mm；
底架旁承中心距离：10 520 mm；
机车排障器距轨面高度：110 ~ 120 mm；
车体底架上平面距轨面高度：1 600 mm。

电力机车车体底架动画扫码观看

1. 底架装配

底架不仅承受车体和车体上设备的重量，同时还传递牵引力、制动力以及动作用力。它是机车的主要承载部件，所以要具有足够的强度和刚度。底架主要由端梁（牵引梁）、旁承梁（枕梁）、中梁（变压器梁）和边梁（侧梁）等组焊而成，如图 2-16 所示。

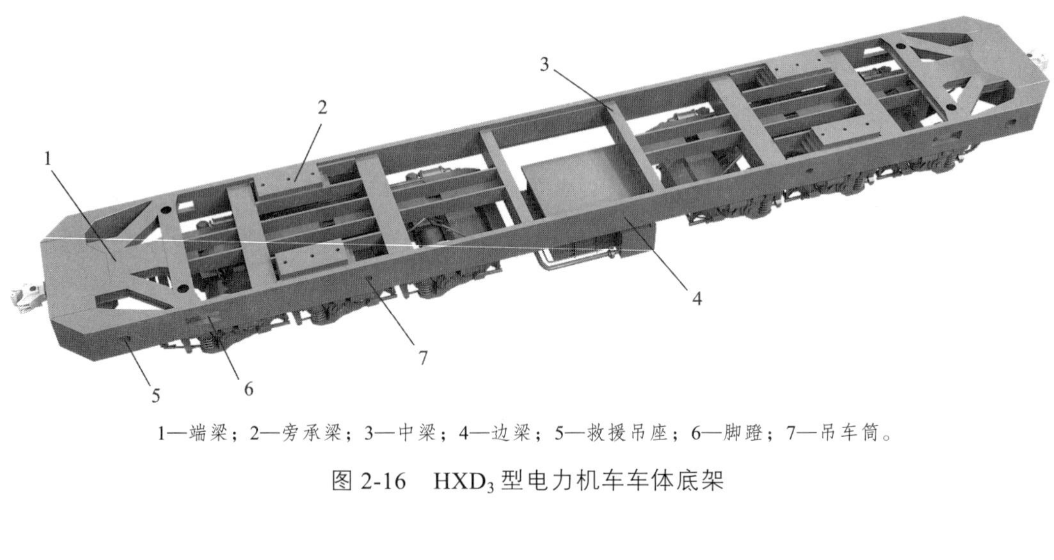

1—端梁；2—旁承梁；3—中梁；4—边梁；5—救援吊座；6—脚蹬；7—吊车筒。

图 2-16　HXD_3 型电力机车车体底架

（1）端梁。

底架前后端梁，直接传递机车的纵向牵引力、制动力及纵向冲击载荷。其下部结构为车钩箱，用于安装车钩及缓冲器。为适应机车的低位牵引方式，牵引拉杆座安设于端部下方。车钩箱与端梁上、下盖板及前、后端板等主要板件组焊成一结构复杂的箱形体。端梁通过其中的八字斜撑与边梁和端部横梁相连接，将力分散到侧边梁，结构如图 2-17 所示。在端梁两侧边梁上安装有救援吊座，采用 ZG230-450 整体铸造。端梁前后端板厚 20 mm，端部上下盖板厚 16 mm。

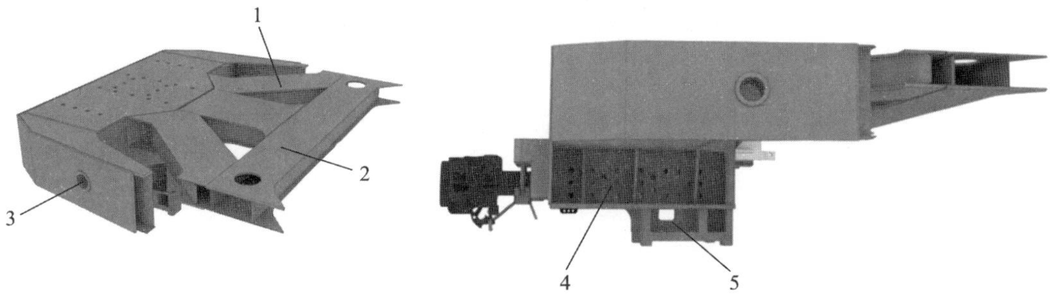

1—八字斜撑；2—端横梁；3—救援吊座；4—车钩箱；5—牵引拉杆座。

图 2-17　HXD_3 型电力机车底架端梁

（2）旁承梁。

通过旁承座与转向架Ⅱ系弹簧连接支撑整个车体，主要承受机车的垂向载荷。纵向和端部牵引梁与中梁连接，横向箱形梁和两侧边梁跨连，使整个底架组成一个大的网格框架，对从前、后端梁和边梁传递过来的力进行分散。旁承梁主要由两组横梁、盆型中梁和旁承座等组成，结构如图 2-18 所示。横梁上盖板和腹板厚 16 mm，下盖板厚 20 mm，材料型号为 Q345B。旁承座为转向架支撑车体的支点，要求有足够的强度和刚度，故采用 ZG230-450 铸造。

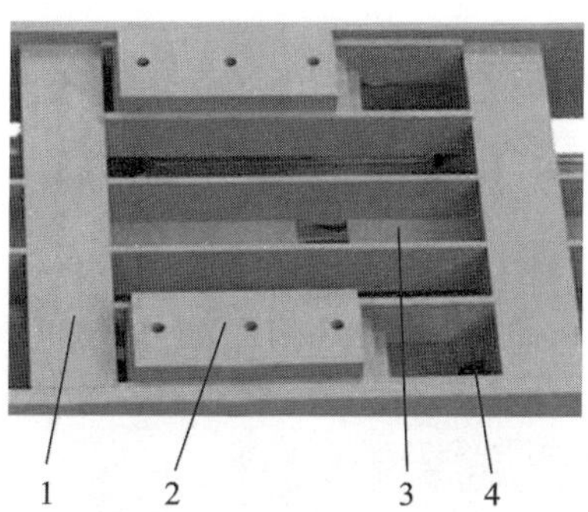

1—横梁；2—旁承座；3—中梁；4—侧边梁。

图 2-18　HXD_3 型电力机车底架旁承梁

（3）中梁。

中梁也叫变压器梁，由两组相同的变压器横向安装梁加侧边梁组成，结构如图 2-19 所示。HXD_3 型电力机车采用吊挂式安装变压器，变压器通过安装螺栓穿过吊挂孔，吊挂在变压器梁下方。中梁主要承受变压器的垂向载荷及其产生的惯性力。横梁为箱型结构，上下盖板厚 20 mm，腹板厚 16 mm，材料型号为 Q345B。

1—横梁；2—侧梁。

图 2-19　HXD_3 型电力机车底架中梁

（4）边梁。

边梁位于底架两侧，是两根狭长的箱型结构梁体，是底架主要的承载和传力部件。由 510 mm × 108 mm × 16 mm 的压型槽钢与宽 550 mm × 16 mm 的外板组焊而成。其上安设有吊车筒和脚蹬。侧墙就固定在边梁上面，箱形梁内部布置有加强筋板，结构如图 2-16 所示。

2. 司机室

司机室外形有“小流线”的特点，钢结构采用传统的“板、梁组合”，外形如图 2-20 所示。所有板梁厚度均为 8 mm，司机室内部采用铝板进行装修，前窗玻璃为一块柱面玻璃，侧窗采用提拉式结构，各墙、顶棚、地板都添加了防寒隔音材料。司机室门采用气密封整体结构。

图 2-20　HXD_3 型电力机车司机室外形

3. 侧　墙

侧墙承担着车体大部分的垂直载荷，由立柱和横梁等组成骨架网格。该网格梁全部采用断面为 120 mm × 80 mm × 8 mm 的方管。侧墙两端与Ⅰ、Ⅱ端司机室骨架连接，侧墙立柱都与底架边梁相连，侧墙蒙皮在上横梁处翻边 10 mm，用于顶盖密封胶条安装，结构如图 2-21 所示。

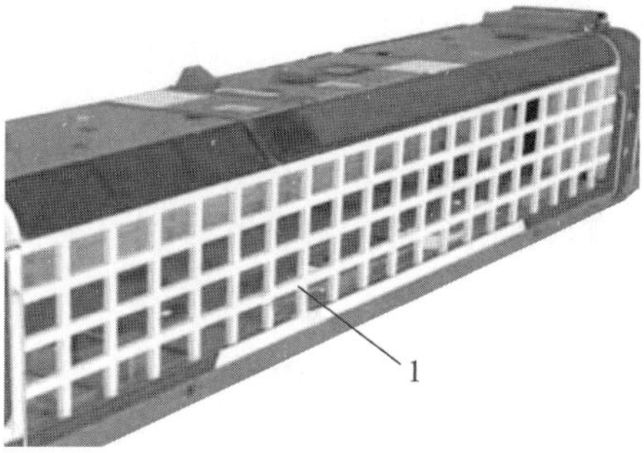

1—120 mm × 80 mm × 8 mm 方管。

图 2-21　HXD_3 型电力机车侧墙

4. 顶　盖

HXD_3 型机车车体顶部设有 3 个可拆卸的活动顶盖，分别为 Ⅰ 端侧顶盖、中央顶盖、Ⅱ 端侧顶盖。顶盖结构设计时也要求考虑到应有足够的强度和刚度。在车内设备相对应位置设有进风口，装有百叶窗供电器件通风冷却；设有相关车顶电气设备的安装支座；设置有活动天窗（人孔盖）为到达车顶进行各种作业。顶盖相应地采取了双层密封胶条结构以保证整个机车的密封、防水。

5. 前围板与排障器

（1）前围板。

前围板为底架、司机室与排障器的过渡部件，它主要由 2.5 mm 蒙皮及 8 mm 厚纵、横板梁骨架组焊而成。

（2）排障器。

排障器用于排除机车运行前方的障碍物，对机车的安全运行起保护作用，因此排障器需具有一定的强度和刚度。安装在机车车体前端下部。同时，排障器设有脚踏板，便于工作人员调车作业。排障器与前围板外表面均随司机室外形方案采用流线型圆滑过渡设计，骨架也采用板梁结构。排障器采用可拆卸安装方式，在排障器上安装有小排障器，小排障器与轨面的距离可调整，以保证与轨道面间距为 110 ~ 120 mm，如图 2-22 所示。

图 2-22　HXD_3 型电力机车排障器

6. 车体结构特点

为满足车体强度、刚度、工艺、寿命等性能的要求，承载结构选用普通碳素结构钢

Q235、普通低合金结构钢 Q345B、高耐候性结构钢 09CuPCrNi 等材料。车体的非承载部分，一般采用普通碳素结构钢 Q235A 和高耐候性结构钢 09CuPCrNi；司机室门、侧提窗等采用铝合金复合材料。

任务考核

1. SS_4 改型机车车体由哪些部分组成？有什么特点？
2. HXD_3 型机车车体由哪些部分组成？有什么特点？

巩固练习

1.【多选题】车体设备布置原则是（　　）。

A. 必须保证重量分配均匀　　B. 要充分满足设备拆装、检修的方便

C. 设备尽可能叠加布置以节省空间　　D. 节约导线、电缆和空气管路

2.【单选题】SS_4 改型电力机车的Ⅰ号高低压电器柜布置在（　　）。

A. Ⅰ端电器室　　B. 变压器室

C. Ⅱ端电器室　　D. 辅助室

3.【单选题】SS_4 改型电力机车的劈相机和主压缩机布置在（　　）。

A. Ⅰ端电器室　　B. 变压器室

C. Ⅱ端电器室　　D. 辅助室

4.【单选题】SS_4 改型机车人孔天窗设置在（　　）顶盖。

A. Ⅰ端电器室　　B. 变压器室

C. Ⅱ端电器室　　D. 辅助室

5.【单选题】关于 SS_4 改型机车设备布置特点叙述不正确的是（　　）。

A. 双边走廊，分室斜对称布置

B. 采用预布线、预布管结构新工艺

C. 平波电抗器和主变压器共用油箱和油散热器风冷系统

D. 单节机车分 5 个室：Ⅰ端司机室、Ⅰ端电器室、变压器室、Ⅱ端电器室和Ⅱ端司机室

6.【单选题】HXD_3 型电力机车的主变压器安设在（　　）。

A. Ⅰ端机械室　　B. 中央机械室

C. 悬挂在机车车下中部　　D. Ⅱ端机械室

7.【单选题】HXD_3 型电力机车的Ⅰ端机械室主要布置（　　）。

A. 电气系统设备　　B. 空气系统设备

C. 主变流器　　D. 复合冷却器

8.【单选题】HXD_3 型电力机车Ⅱ端机械室主要布置（　　）。

A. 电气系统设备　　B. 空气系统设备

C. 主变流器　　D. 复合冷却器

9.【单选题】HXD_3 型电力机车检修用天窗设置在（　　）顶盖。

A. Ⅰ端机械室　　B. 中央机械室

C. 司机室　　　　　　　　　　D. Ⅱ端机械室

10.【单选题】图中所示为 HXD_3 型机车司机室操纵台的（　　）。

A. 监控显示屏　　　　　　　　B. 6A 显示屏

C. 微机显示屏　　　　　　　　D. 制动显示屏

任务 2.3　SS_4 改型和 HXD_3 型电力机车设备布置认知

任务描述

电力机车上设备众多，大小不一，重量不一。所以在设备布置时既要利用有限的车体空间，又要保证设备重量均衡和设备操作时的便利性。

任务目标

1. 熟悉 SS_4 改型和 HXD_3 型电力机车车体设备布置情况。
2. 熟悉 SS_4 改型和 HXD_3 型电力机车车体设备布置特点。

任务实施

2.3.1　车体设备布置原则

电力机车的设备布置是将机车上各种电气屏柜及元器件进行合理布置，这些部件结构复杂、体积不一样、重量不相等，因此设备布置时应兼顾以下原则。

1. 重量分布均匀

目的在于使机车的轴重分布均衡，减少轴重转移，能使机车牵引力充分发挥。因此，设备布置时要利用力矩平衡原理进行重量分配计算，成对的设备应两端对称或斜对称布置。

2. 设备操作方便

设备要便于检查、维护和保养，并使设备布置成规律化。司机室设备布置，要符合造型设计和人机工程，要求作业范围合适、操作方便、视线合理，易于观察仪器、仪表及信号灯的指示，有良好的隔音、隔热、瞭望和采光条件。对于运用中会经常接近的设备，应留有足够的作业空间。凡危及人身安全的设备（如高压电器设备），要有安全联锁防护装置及警示标牌。

3. 经济性

设备布置应注意节约导线、电缆、压缩空气和冷却空气管路，以简化施工，节约材料，减少空间占用和风阻损耗。

2.3.2　SS$_4$改型电力机车车体设备布置

SS$_4$改机车设备布置微课视频扫码观看

SS$_4$改型电力机车车体设备布置可以按设备安装的部位分为三部分，即车内设备布置、车顶设备布置和车下车端设备布置。

1. 车内设备布置

SS$_4$改型电力机车单节机车可分为5个室，分别为司机室、Ⅰ端电器室、变压器室、Ⅱ端电器室和辅助室，车内设备布置情况如图2-23所示。

（1）司机室设备布置。

司机室左侧区域为正司机工作区域，司机室右侧区域为副司机工作区域，如图2-22所示。

① 正司机操纵台：正司机操纵台设有司机控制器、按键开关器、电空制动控制器、空气制动阀、速度表、汽笛、记点灯等。操纵台正面设主台气表、主台电表和主台显示屏及开关。

② 副司机操纵台：副司机操纵台设置按键开关盒和汽笛，操纵台的正面设置有副台电表、副台显示屏及开关。副台开关安装辅助压缩机控制开关按钮、紧急制动按钮、自动撒砂控制开关、空调开关、取暖开关和窗加热开关。

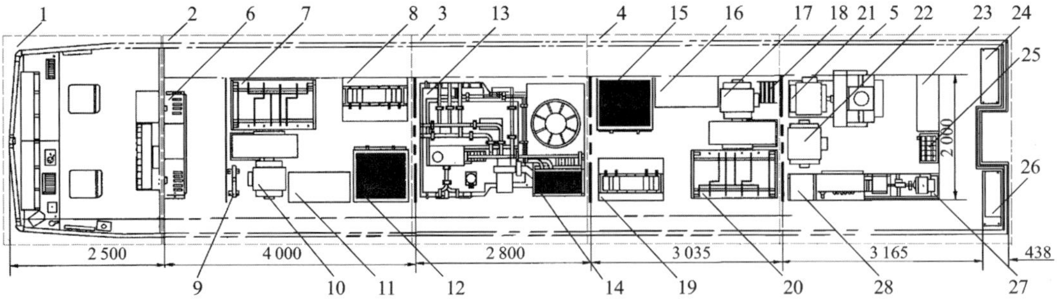

1—司机室；2—Ⅰ端电器室；3—变压器室；4—Ⅱ端电器室；5—辅助室；6—Ⅰ号端子柜；7—Ⅰ号硅机组（上）和PFC电容柜（下）；8—Ⅰ号高压电器柜；9—复轨器；10—Ⅰ号牵引通风机组；11—Ⅰ号低压电器柜；12—Ⅰ号制动电阻柜；13—主变压器；14—PFC开关柜；15—Ⅱ号制动电阻柜；16—Ⅱ号低压电器柜；17—Ⅱ号牵引通风机组；18—上车顶梯；19—Ⅱ号高压电器柜；20—二号硅机组（上）和PFC电容柜（下）；21—空气压缩机组；22—劈相机；23—空气干燥器；24—综合柜；25—起动电容柜；26—Ⅱ号端子柜；27—制动屏柜；28—电子电源柜。

图2-21　SS$_4$改型电力机车车内设备布置

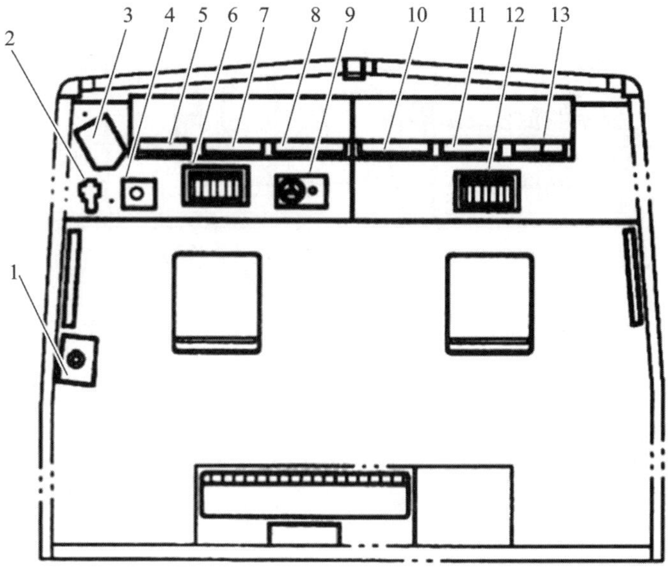

1—调车司机控制器；2—空气制动阀（小闸）；3—速度表；4—电空制动控制器（大闸）；5—主台气表；
6—主司机按键开关；7—主台电表；8—主台显示屏及开关；9—主司机控制器；
10—副台电表；11—副台显示屏；12—副司机按键开关；13—副台开关。

图 2-22　SS_4 改型电力机车司机室设备布置

（2）Ⅰ端电器室设备布置。

Ⅰ端电器室与司机室相邻。安装的主要设备包括一号端子柜、一号硅机组、PFC 电容柜、一号高压柜、制动电阻柜、一号低压电器柜和牵引通风机组，其中一号硅机组与 PFC 电容柜重叠放置，节省了机车空间，如图 2-21 所示。

（3）变压器室设备布置。

变压器室主要设备包括机车主变压器和 PFC 开关柜，机车保护、测量和控制用的 3 种交流电流互感器等，如图 2-21 所示。

（4）Ⅱ端电器室设备布置。

Ⅱ端电器室布置的主要设备包括上车顶梯，二号硅机组，PFC 电容柜，二号高压电器柜，制动电阻柜，二号低压电器柜和牵引通风机组，如图 2-21 所示。

（5）辅助室设备布置。

辅助室布置的主要设备包括电子电源柜、空气制动柜、劈相机、压缩机组、空气干燥器、起动电容柜、二号端子柜和综合柜，柜顶安装有轮滑润滑控制器和电阻制动记录仪，如图 2-21 所示。

2. 车顶设备布置

车顶以高压户外电气设备为主，既要满足电气性能的要求，又要有足够的高压绝缘性能和抗恶劣气候侵害和雷电过电压袭击的能力。

车顶主要设备包括受电弓、主断路器、金属氧化物避雷器、高压电流互感器、高压电压互感器、高压连接器、车顶母线和支持瓷瓶，布置在Ⅰ端、Ⅱ端电器室顶盖、变压器室顶盖和辅助室顶盖上，如图 2-23 所示。

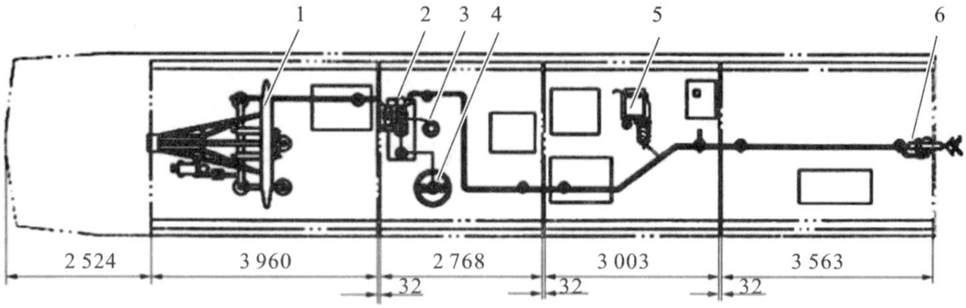

1—受电弓；2—主断路器；3—避雷器；4—高压电流互感器；5—高压电压互感器；6—高压连接器。

图 2-23　SS_4改型电力机车车顶设备布置

Ⅰ端电器室顶盖设有人孔天窗，天窗设有电气联锁装置，当打开天窗时，顶盖将与车顶的母线的接地装置相连，使车顶上的高压设备全部接地，以保护机车乘务人员的安全，同时切断受电弓控制电路，使得无法升弓。只有高压室、变压器室门都锁好，车顶门盖好后，保护电空阀才能得电，使门联锁阀气路动作，锁紧各门，受电弓方能升起。

3. 车下车端设备布置

车下设备包括蓄电池柜、总风缸、主电路库用插座 2 个、辅助电路库用插座 1 个、控制电路库用插座 1 个、行灯插座 2 个、重联插座、自动信号装置的接收线圈、接地棒、照明灯和标志灯等。

4. 机车布线

SS_4改型电力机车布线，按不同电压等级、分各自线槽布线，主要有三部分：

（1）主电路布线。

主电路布线指主电路中 1 000 V 电压以上的电缆和电线沿机车车体Ⅱ、Ⅱ端台架下的纵向主线槽和两侧走廊线槽布线。

（2）辅助电路布线。

辅助电路布线指辅助电路 220 ~ 380 V 电压的电缆和电线沿机车走廊线槽布线（与主电路交叉时，进行加强绝缘处理）。

（3）控制电路布线。

控制电路布线指控制电路电线沿机车两侧走廊天花板上的专用线槽布线。

5. 设备布置特点

（1）除牵引电机外，所有的电气设备都布置在车体上，其中绝大部分布置在车体内，安全可靠，运行中便于检查。

（2)机车为单节单端司机室，两节完全相同，单节机车共分 5 个室，依次为司机室、Ⅰ端电器室、变压器室、Ⅱ端电器室、辅助室。

（3）继承了韶山系列电力机车的传统特点，采用双边走廊，分室斜对称布置。设备屏柜化、成套化，便于车下组装、车上吊装，结构紧凑，维修方便。

（4）设备多为平面单层布置，设备拆装，互不影响。

（5）根据单端司机室的特点，将噪声较大的劈相机、主压缩机等辅助机组安装在远离司机室的Ⅱ端辅助室内，使司机室的噪声大大降低。

（6）在布线和布管结构设计上，首次采用控制电路的预布线和机车管路的预布管结构新工艺。

（7）平波电抗器采用油冷方式，且与主变压器共用油箱和油散热器风冷系统。提高了平波电抗器在冷却系统故障时的可靠性，是国产电力机车在总体布置时的一大进步。

2.3.3 HXD_3 型电力机车设备布置

HXD_3 型机车设备布置微课视频扫码观看

HXD_3 型电力机车为 6 轴交流传动货运电力机车。两端各设一个司机室，车内设备以平面斜对称布置为主，分布在 600 mm 宽的中央走廊两侧，设备成套安装，有利于机车的制造、检修、部件互换和重量分配。在顶盖上设有高压电器。在车体下设有两台 3 轴转向架及一台主变压器。

HXD_3 型电力机车车体设备布置可以按设备安装的部位分为三部分，即车内设备布置、车顶设备布置和车下车端设备布置。全车设备布置外形如图 2-24 所示。

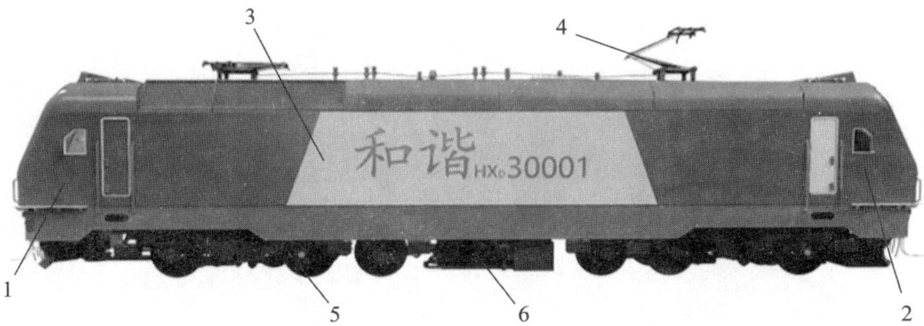

1，2—Ⅰ Ⅱ端司机室设备布置；3—机械室设备布置；4—车顶设备布置；5，6—车下设备布置。

图 2-24　HXD_3 型电力机车全车设备布置外形图

1. 车内设备布置

全车共分 5 个室，即Ⅰ、Ⅱ端司机室，Ⅰ、Ⅱ端机械室和中央机械室，如图 2-25 所示。

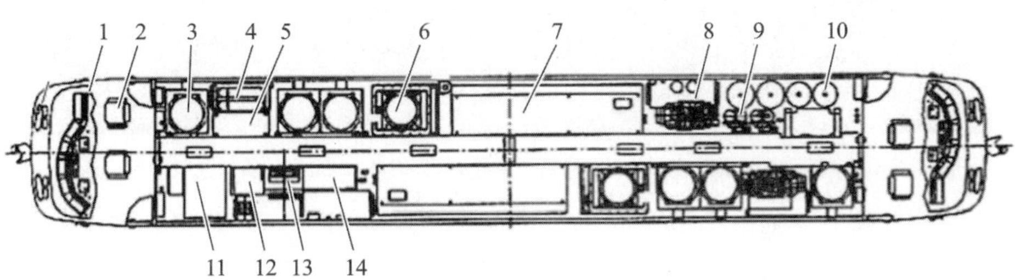

1—操纵台；2—司机座椅；3—牵引通风机组；4—滤波柜；5—蓄电池充电器；6—复合冷却器；7—主变流器；8—空气压缩机；9—空气干燥器；10—总风缸；11—卫生间；12—综合通信柜；13—微机及监控柜；14—控制电器柜。

图 2-25　HXD_3 型电力机车车内设备布置图

（1）司机室设备布置。

司机室的结构和设备布置按规范化司机室要求设计，并符合人机工程学要求。正司机座椅尽量靠近司机室中间，司机室前窗采用电加热玻璃，窗外设有电动刮雨器，窗内设有电动遮阳帘，侧窗外设有机车后视镜，保证司机两侧的视野范围。在后墙上设置饮水机、暖风机、空调控制箱等司机生活必要设施，在后墙上还设置有一个紧急制动阀和灭火器。司机室采用隔热材料进行防寒保暖，采用空调风扇进行通风防暑，采用降噪材料确保室内噪声降到 75 dB 以下。

HXD_3 机车司机室操纵台动画扫码观看

司机室操纵台是机车人机交换设备。其上设有制动装置显示屏、监控（TCMS）显示屏、微机（ATP）显示屏、压力仪表模块、司机控制器、制动控制器（EBV）、扳键开关组等设备，司机通过操纵台上各装置发出控制机车指令，完成机车前进、后退、牵引、制动等各项工作，并通过操纵台上各仪表、显示器等观测机车实际运用状态，主要设备布置如图 2-26 所示。

1—仪表座；2—制动装置显示屏；3—监控显示屏；4—扳键开关组；5—多功能状态组合模块；6—司机控制器；7—微机显示屏；8—台面板；9—制动控制器。

图 2-26　HXD_3 机车操纵台主要设备布置图

① 制动装置显示屏：机车制动系统的操纵界面，显示各实时压力值以及列车管流量，还用于制动系统测试、状态更改及故障报警显示。

② 监控（TCMS）显示屏：LKJ2 000 型列车监控记录装置显示器，用于监控列车的

运行，司机的操纵，确保铁路运输的安全、正点。

③ 多功能状态组合模块：多功能状态组合模块由双针速度表、电测量机车双针仪表、信号指示灯、紧急制动按钮和监控解锁按钮组成。

④ 微机（ATP）显示屏：实现机车特性控制、逻辑控制、故障监视和诊断，并显示有关信息。

⑤ 制动控制器（EBV）：即大、小闸。司机可以控制单独制动（机车）和自动制动（车辆和机车）。当推向一侧时，单独手柄也可以缓解自动制动产生的机车制动。

⑥ 司机控制器：用来控制机车的运行工况和行车速度。

（2）Ⅰ端机械室。

Ⅰ端机械室紧邻Ⅰ端司机室，布置的设备具体有：牵引电机通风机组、更衣箱、卫生间、蓄电池充电装置、蓄电池柜、滤波装置、微机及监控柜、控制电器柜、综合通信柜、辅助变压器等。设备以电气系统设备为主，有利于布置特高压、高压、低压、传送信号类等各种配线和减短各装置之间的连线，提高系统可靠性，降低故障率，如图 2-25 所示。

（3）Ⅱ端机械室。

Ⅱ端机械室紧邻Ⅱ端司机室，布置的设备具体有：牵引电机通风机组、空气压缩机、总风缸、辅助风缸、干燥器、制动屏柜等。设备以空气管路系统设备为主，有利于布管作业和尽量减短空气管路；尽量减少不必要的交叉配管；尽量组合成单元，以提高作业效率，如图 2-25 所示。

（4）中央机械室。

在Ⅰ端机械室和Ⅱ端机械室之间设有中央机械室，有两套完全一样的主变流器和两台用于冷却主变流器和主变压器的复合冷却器及通风机组，布置在机车中心位置。为了保证机车的重量分配，设备斜对称布置；同时缩短了主变流器冷却系统冷却管路，提高了冷却系统的可靠性，如图 2-25 所示。

2. 车顶设备布置

机车顶盖设计成 3 个大顶盖，有利于车顶设备的安装，车顶设备布置分为Ⅰ端、Ⅱ端和中央顶盖设备布置，如图 2-27 所示。

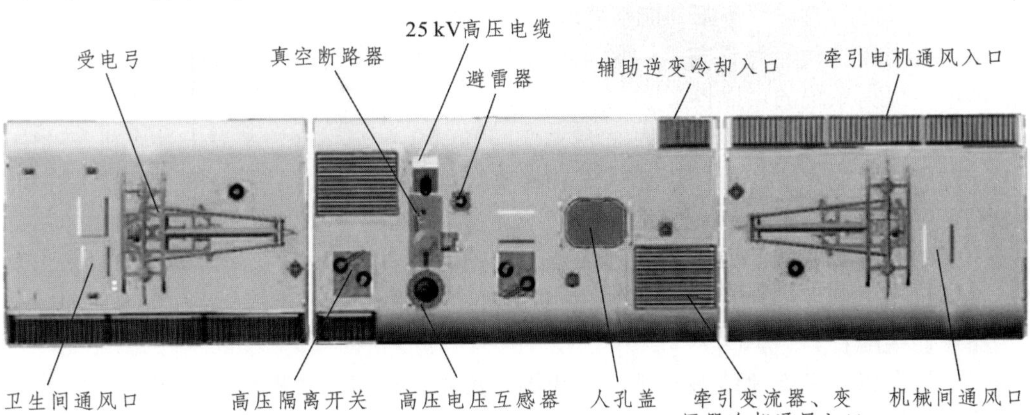

图 2-27　HXD_3 型电力机车车顶主要设备布置图

Ⅰ、Ⅱ端顶盖的结构和安装尺寸完全相同，其设备布置也完全一致，主要布置有受电弓和空气绝缘子。因在Ⅰ端顶盖上开有卫生间通风口，故两个顶盖不能换装。顶盖上设置有牵引电机冷却风进风口。车体侧墙不设通风口，有利于提高车体强度。通风道与顶盖在车下整体焊装，有利于提高机车组装的工作效率。顶盖设有与外界交换空气的换气孔，有利于夏季车内降温。

中央顶盖上布置有车顶的主要高压设备，具体有：真空断路器、高压电压互感器、高压隔离开关、接地开关、避雷器、高压电缆及连接母线等，同时设置有辅助变流器通风口、过滤网和检修用天窗（人孔盖），为确保登顶作业安全，天窗与接地开关设置了钥匙联锁装置。

3. 车下设备布置

主变压器悬挂在车体底部的中央位置，主变压器吊挂在车体下中心部位，以主变压器为中心对称布置两台 3 轴转向架，另外在车体下部还配置有动车插座、辅助/控制电路外接电源插座、行灯插座、机车电子标签、速度传感器等设备，如图 2-28 所示。

1，3—转向架；2—主变压器。

图 2-28　HXD_3 机车车下主要设备布置图

4. HXD_3 型电力机车设备布置特点

（1）机车两端设有司机室，中间为机械室。在机械室内设有 600 mm 宽的中央通道，设备布置在通道两侧，设备屏柜化、成套化，便于设备的安装和维护、检修。

（2）在机械间内，设备按功能在两端分布布置，Ⅰ端机械室主要布置电气设备，Ⅱ端机械室主要布置空气管路设备，有利于缩短机车电气导线连接和空气管路连接，减少系统故障率，提高系统的可靠性。

（3）机车电气传动的主要部件 1 台主变压器和 2 台牵引变流装置安装在机车的中心部位。质量较大的主变压器用下悬式安装在车体下中心部位，牵引变流装置安装在机械室中央走廊的两侧。

（4）机车设置有同时对主变压器和牵引变流装置进行冷却的复合冷却器，冷却器上部设置轴流通风机进行独立通风冷却，2 台复合冷却器靠近牵引变流器和主变压器安装，尽量缩短连接配管。

（5）机车以牵引变流装置和复合冷却器为整体单元布置在机车中心部位，有利于机车的重量分配。

（6）机车设置单独的轴流通风机对牵引电机进行冷却，冷却风道进风口设置在顶盖上，通风机安装在机车机械室地板支架上。

（7）牵引通风道内设有惯性滤尘器用于二次除尘，保证电机冷却空气的清洁度。

（8）机车顶盖设有换气口，有利于机车夏季的换气和冬季的保温。

任务考核

1. 机车设备布置应该遵循哪些原则?
2. 简述 SS_4 改型机车设备布置的情况和特点。
3. 简述 HXD_3 型机车设备布置的情况和特点。

项目3

电力机车转向架认知

项目简介

转向架是电力机车的走行部分，它由众多部件组合而成，对机车动力学性能、牵引性能和安全性能起着决定性的作用，是电力机车机械部分的重中之重。

本项目主要介绍电力机车转向架的基本概念，以及 SS_4 改型、HXD_3 型电力机车的转向架构架、轮对、轴箱及轴箱悬挂、传动及电机悬挂装置等组成部分的结构原理。

项目教学目标

✓ 知识目标

1. 掌握电力机车转向架的作用、类型和组成等。
2. 掌握转向架各组成部分的结构和原理。
3. 掌握电力机车转向架力的传递途径。

✓ 技能目标

1. 能指出真实转向架的各组成部分及其作用原理。
2. 对照真实转向架能说明各种力的传递途径。

✓ 素质目标

1. 培养学生精益求精、专心如一、决不放弃的工作态度。
2. 培养学生艰苦奋斗、严谨认真、团结协作的工作作风。

课时建议

22 课时。

认识转向架微课视频扫码观看

任务 3.1　认识转向架

任务描述

转向架又称走行部，是保障机车安全运行的关键部件之一。它承受车体传来的各种静、动载荷，并利用轮轨间的黏着保证牵引力和制动力的产生，对保证机车的动力学性能、牵引性能和安全性能起着决定性作用。

任务目标

1. 掌握转向架的作用。
2. 掌握转向架的组成。
3. 掌握转向架的力的传递过程。

任务实施

铁路车辆发展的初期，因载重量小，容积也不大，走行部很简单，故一般采用二轴车的结构形式，车轴直接安装在车体下方，称为无转向架车辆。随着车辆载重量的增大，一般多采用转向架的结构形式。转向架是将两个及其以上轮对通过专门的构件组合而成的一个整体部件。

3.1.1　转向架的作用

1. 承　重

承担机车上部的重量，并把重量均匀分配给每个轮对，获得一定的黏着重量。

2. 传　力

在轮轨接触点产生牵引力、制动力，并将其传给车钩，实现牵引列车前进或制动减速停车。

3. 转　向

在钢轨的引导下，实现机车在线路上运行，保证通过曲线的安全性。

4. 缓　冲

缓和线路不平顺对机车的冲击，减少运行中的动作用力及其危害，提高机车运行的平稳性和稳定性。

3.1.2　转向架的组成和分类

1. 组成

转向架是一个一般由构架、轮对、轴箱、轴箱悬挂装置、牵引电动机及其悬挂、齿轮传动、基础制动装置等主要组成部分构成的整体部件。

转向架组成动画扫码观看

2. 分类

（1）按轴数分类。

转向架可分为两轴转向架、三轴转向架和多轴转向架。两轴转向架曲线动力学性能优于三轴转向架，容易通过曲线；三轴转向架在平直线路上运行性能好，平稳性优于二轴转向架。转向架轴数的多少还取决于机车总重和每根轴所允许的轴重。具体是选择两轴转向架还是三轴转向架，应根据线路、机车功率、速度、轴重要求等综合因素确定。

（2）按传动方式分类。

转向架可分为独立传动和组合传动两类。独立传动也称单独传动或个别传动，即转向架每根轮轴有一台电机进行驱动，传动装置比较简单，运行可靠性也较好，是目前尤其是大功率机车所普遍采用的传动方式。组合传动又叫单电机传动，即整台转向架只有一台电机，牵引电机的外形尺寸受转向架结构限制较小，从而能够增大电机功率，减轻转向架重量，降低制造成本，有利于机车黏着性能的改善。

（3）按弹簧悬挂方式分类。

转向架可分为一系悬挂和两系悬挂两类。速度低的机车有的仅设一系悬挂，如调车机车。采用既有一系悬挂，又有二系悬挂的悬挂方式为两系悬挂方式。两系悬挂机车总的垂向刚度小而挠度大，动力性能好。干线电力机车尤其是高速机车，采用的就是两系悬挂方式。

（4）按轴箱定位方式分类。

转向架可分为有导框轴箱定位和无导框轴箱定位两类。有导框定位方式，质量大，磨耗严重，目前只在车辆转向架车和少数内燃机上采用。无导框定位又有多种不同的结构形式，普遍应用于现代机车转向架上。其中最普遍的是法国阿尔斯通式的轴箱拉杆橡胶关节定位形式。

（5）按电机悬挂方式分类。

转向架可分为轴悬式（抱轴式半悬挂）、架悬式（全悬挂）、体悬式（全悬挂）三大类。轴悬式电机悬挂，电机一部分支承在车轴上，一部分悬挂在转向架构架上，簧下重量大，轮轨间冲击振动大，故适用于速度较低的机车。架悬式电机悬挂，电机全部支承在转向架构架上，电机重量全部位于一系悬挂之上，簧下重量较小，但传动装置比较复杂。体悬挂，指牵引电动机大部分或全部支承在车体底架上的悬挂方式，使牵引电机成为二系悬挂以上重量，减轻了转向架的重量，目前，国外一些超高速机车上采用此种悬挂方式。一般速度在 120 ~ 140 km/h 的机车，必须采用电机全悬挂方式。

（6）按车体支承装置分类。

转向架可分为有心盘连接和无心盘连接两大类。有心盘连接的牵引力通过心盘和中心销传递，转向架相对车体绕心盘或中心销转动，车体和转向架之间的横向刚度大，几乎没有横向位移。无心盘连接的牵引力传递有拉杆牵引或多支承牵引等形式。我国主型电力机车均采用无心盘连接装置。

（7）按机车速度分类。

转向架可分为高速转向架和普通转向架。一般速度在 200 km/h 以上的为高速转向架；速度在 120 km/h 左右的为普通转向架。

3.1.3 转向架力的传递

转向架在运行中，除承受垂向重力，纵向牵引力、制动力，横向钢轨对轮对的侧压力外，还常常经受很严重的动作用力，如线路不平顺对轮对的冲击力等，受力十分复杂。现以 HXD_3 型电力机车转向架为例，介绍转向架力的传递过程。HXD_3 型电力机车转向架如图 3-1 所示。

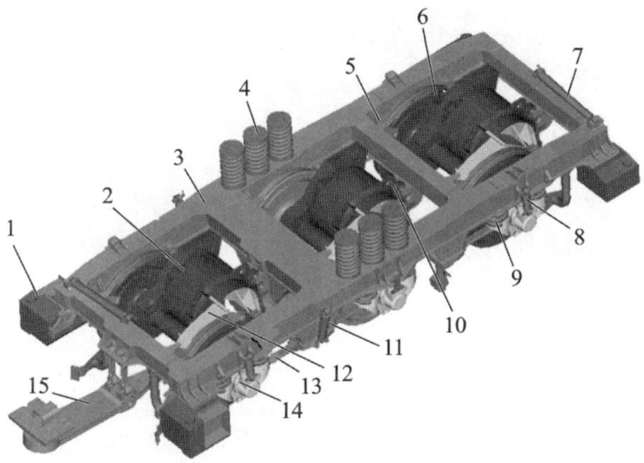

1—砂箱；2—牵引电机；3—转向架构架；4—二系弹簧组（支承装置）；5—基础制动装置；6—轮对；7—抗蛇行油压减振器；8—一系垂向减振器；9—一系弹簧；10—电机悬挂装置；11—二系垂向减振器；12—传动装置；13—轴箱拉杆；14—轴箱；15—牵引装置。

图 3-1 HXD_3 型电力机车转向架

1. 垂向力的传递

垂向力包括动静载荷，现以重力为例，分析力的传递过程如下：

机车上部重量→车体支承装置→转向架构架→轴箱弹簧悬挂装置→轴箱→轮对→钢轨。

2. 纵向力的传递

纵向力包括机车在运行中的牵引力和制动力以及产生的纵向冲击力等，现以牵引力、制动力为例，分析力的传递过程如下：

轮轨接触点产生牵引力或制动力→轮对→轴箱→轴箱拉杆→转向架构架→牵引装置→车体底架→缓冲器→车钩。

3. 横向力的传递

横向力包括机车通过曲线时产生的离心力和轮轨之间的其他横向作用力等，现以轮轨侧压力为例，分析力的传递过程如下：

钢轨对轮对的侧压力→轮对→轴箱→轴箱拉杆→转向架构架→车体支承装置（侧挡）→车体底架→机车上部。

3.1.4 SS_4 改型和 HXD_3 型电力机车转向架

1. SS_4 改型电力机车转向架

SS_4 改型电力机车转向架为二轴转向架，结构如图 3-2 所示。该转向架具有以下特点。

（1）一系悬挂采用轴箱螺旋钢弹簧与弹性定位的独立悬挂结构，并配置垂向油压减振器。二系悬挂采用全旁承橡胶堆加横向油压减振器和摩擦减振器的简单悬挂结构。

（2）斜拉杆低位牵引方式。

（3）轴箱轴承采用能承受轴向和径向力的圆柱滚子轴承。

（4）构架受力状态和结构合理，工艺性好。

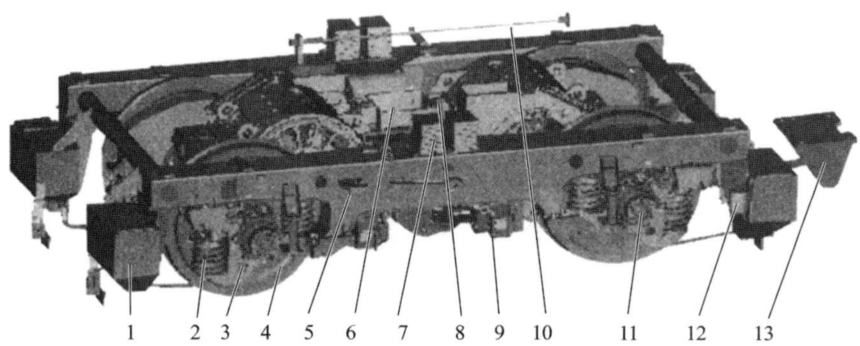

1—砂箱；2—一系弹簧；3—整体起吊联接装置；4—轮对电机总装；5—构架；6—限位装置；7—全旁承橡胶堆；8—电机悬挂装置；9—基础制动装置；10—手制动装置；11—速度传感器；12—轮轨润滑装置；13—牵引装置。

图 3-2 SS_4 改型电力机车转向架

（5）基础制动采用单边高摩合成闸瓦。

（6）电机悬挂方式采用滚动轴承式刚性半悬挂。

2. HXD_3 型电力机车转向架

HXD_3 型电力机车转向架为三轴转向架，结构如图 3-1 所示。该转向架具有以下特点。

（1）牵引电机采用内顺置布置。这种布置可使机车在牵引工况获得较小的轴重转移，为此现在大多数机车转向架均采用牵引电机内顺置布置。

（2）低位推挽式单牵引杆结构，加以合理的悬挂参数选择，能使机车轴重转移减小，满足机车牵引要求。

（3）构架刚度和强度高，侧架与端梁、横梁连接处采用圆弧连接的结构形式，降低连接处的应力集中。

（4）二系悬挂高圆弹簧组每侧一组由三个弹簧组成，这种布置使弹簧接近回转中心，可减小弹簧的回转位移，降低弹簧的剪切应力。

（5）一系弹簧采用单圈、小静挠度值，使一、二系弹簧参数搭配趋于合理。

（6）基础制动采用轮盘制动，使轮对受力较踏面制动更加合理。

（7）驱动装置采用滚动抱轴式半悬挂结构。抱轴箱体采用高强度、高冲击韧性的球墨铸铁材料，与“U”形管式抱轴箱相比，装配结构更加简单，适用性更强。

任务考核

1. 转向架有哪些作用？一般由哪些部件组成？
2. 转向架有哪些类型？各自有什么特点？
3. 简述转向架力的传递途径。

巩固练习

1.【多选题】转向架的作用有（　　）。

A. 承重　　B. 传力　　C. 转向　　D. 缓冲

2.【多选题】以下关于二轴和三轴转向架叙述正确的是（　　）。

A. 二轴转向架固定轴距较小

B. 在曲线运行中二轴转向架的动力学性能比三轴转向架优越

C. 三轴转向架，由于其固定轴距长，直线运行中轮轨作用力和轮轨磨损较小

D. 二轴转向架平稳性优于三轴转向架

3.【单选题】普遍采用的机车传动方式为（　　）传动。

A. 独立　　B. 组合

C. 单电机　　D. 独立与组合相结合

4.【判断题】转向架一船包括构架、轮对、轴箱、轴箱悬挂装置、牵引电动机及其悬挂、齿轮传动、基础制动装置等主要组成部分（　）。

5.【判断题】干线电力机车，尤其是高速机车，都采用既有一系悬挂，又有二系悬挂的两系悬挂方式（　）。

6.【判断题】我国目前电力机车大都采用导框式轴箱定位形式（　）。

7.【判断题】一般速度为 120 ~ 140 km/h 的机车，牵引电机必须采用全悬挂方式（　）。

任务 3.2　认识转向架构架

认识转向架构架微课视频扫码观看

任务描述

构架是转向架的重要部件之一。它不但是众多部件安装连接的基础，也是转向架承载传力的基体。

任务目标

1. 掌握构架的组成、类型。

2. 熟悉 SS_4 改型电力机车转向架构架的结构组成。

3. 熟悉 HXD_3 型电力机车转向架构架的结构组成。

任务实施

构架除了主要承受垂向的重力，纵向的牵引力、制动力及横向的轮轨侧压力、离心力等力外，还经常受到严重的动作用力。当电机悬挂、齿轮传动、轴箱定位、基础制动装置等工作时，会使构架的受力更加复杂和严重。因此要求构架必须有足够的强度和刚度；梁体的尺寸、附件的组装位置必须精确；质量轻、结构紧凑；必须经常接受检查，尤其是易产生裂纹的焊缝处。

3.2.1 构架的组成

构架主要由左右侧梁，一根或几根横梁及前后端梁组焊而成。有的转向架构架没有端梁，称为开口式或 H 形构架，如图 3-3 所示。

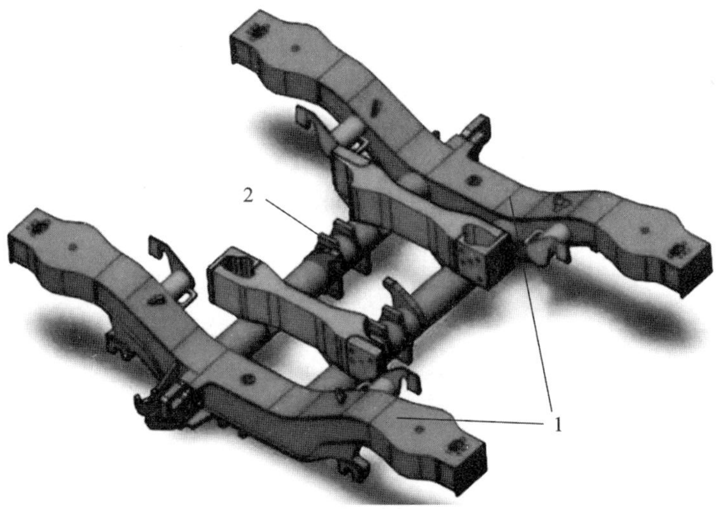

1—侧梁；2—横梁。

图 3-3 开口式构架

有端梁的构架称为封闭式构架，如图 3-4 所示。

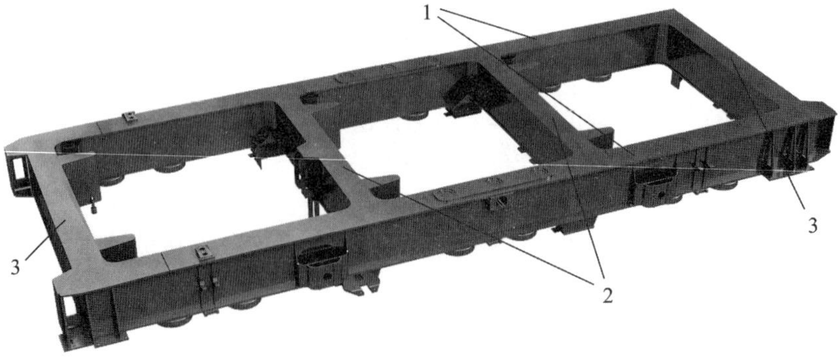

1—侧梁；2—横梁；3—端梁。

图 3-4 封闭式构架

侧梁是构架主要的承载梁体，是传递垂向力、纵向力和横向力的主要构件，侧梁还用来规定轮对位置。

横梁和端梁用来保证构架在水平面内的刚度，保持各轴的平行及承托牵引电动机。砂箱一般安装在前后端梁上。

3.2.2　转向架构架的分类

（1）按设计和制造工艺分为铸钢构架和焊接构架。

焊接构架又可分为钢板焊接构架和压型钢板焊接构架。铸钢构架由于重量大，铸造工艺复杂，目前在电力机车上已很少采用；焊接构架因其重量轻，各梁皆为中空箱形构件，使用材料省，强度和刚度都得到保证，所以得到了普遍的采用。尤其是压型钢板焊接构架，各梁按等强度梁设计制造，其箱形截面的尺寸依各部位受力情况而大小不等，使各截面的应力相近，具有足够的强度，且重量轻，材料利用率高。但由于制作时必须具备 1 000 t 以上的大型水压机和大型加热炉，成本比一般钢板焊接构架高。

（2）按轴箱定位方式分为有导框式构架和无导框式构架。

构架采用无导框定位方式时不需要开切口，不仅避免了强度削弱，同时避免了构架与轴箱的摩擦。近代干线电力机车，尤其是高速电力机车越来越广泛地采用无导框式钢板焊接的转向架构架。

（3）按结构形式分为封闭式和开口式构架。

封闭式构架又有“日”字形（两轴转向架）和“目”字形（三轴转向架）两种，如图 3-5 所示。

（a）两轴转向架构架　　（b）三轴转向架构架

1—侧梁；2—横梁；3—端梁。

图 3-5　转向架构架的一般组成

3.2.3　SS_4 改型电力机车转向架构架

SS_4 改型电力机车转向架构架的主要梁体包括两根侧梁、一根前端梁、一根后端梁和一根牵引梁，外加各种附加支座等，各梁焊装后，构架成“日”字形结构，如图 3-6 所示。

1. 侧　梁

SS_4 改型电力机车侧梁是钢板焊接的箱形封闭结构，左右各一根，形状呈倒“凸”字形，梁体上焊装有圆弹簧座、拉杆座、旁承座、摩擦减振器座和横向油压减震器座等零部件。

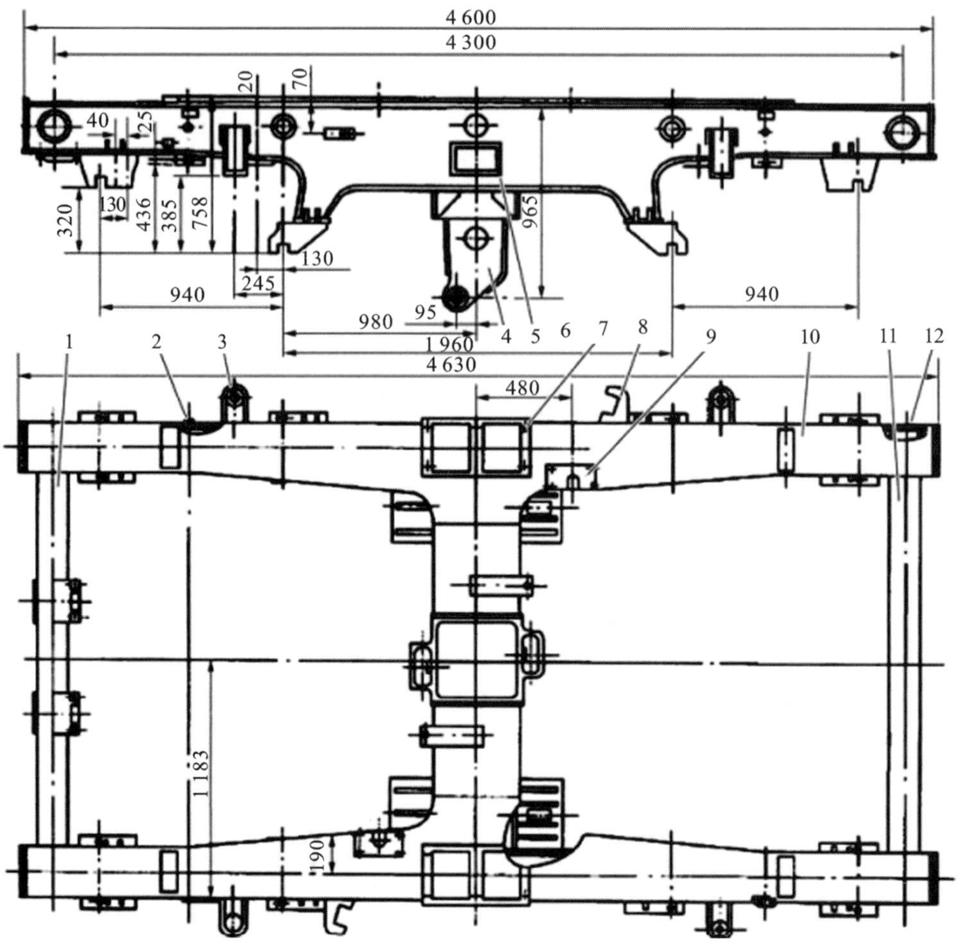

1—前端梁；2—接地台；3—减振器上座；4—牵引梁装配；5—铭牌；6—螺钉；7—旁承座；
8—减振器座；9—横向油压减振器座；10—侧梁装配；11—后端梁；12—端盖。

图 3-6　SS_4 改型电力机车构架

2. 前后端梁

前端梁和后端梁均采用无缝钢管。前端梁上有牵引装置三角形撑杆固定上支座，支座为普通铸钢件。

3. 牵引梁

SS_4 改型电力机车牵引梁为蝶形箱式梁体。它由上下盖板、定位销、防落框、电机悬挂吊座、筋板、隔板、立板和套等焊接而成，下部焊装有牵引座，如图 3-7 所示。

在牵引座的下部有四个直径 60 mm 的孔，并配置销套。牵引装置中的三角形牵引杆用销与此孔相连接，通过它把转向架上产生的牵引力和制动力传给牵引装置，牵引装置再传给车体。

4. 附属部件

附属部件包括旁承座、横向油压减振器座、纵向摩擦减振器座、垂向油压减振器座和接地台。各座材料均为低碳钢或普通铸钢。

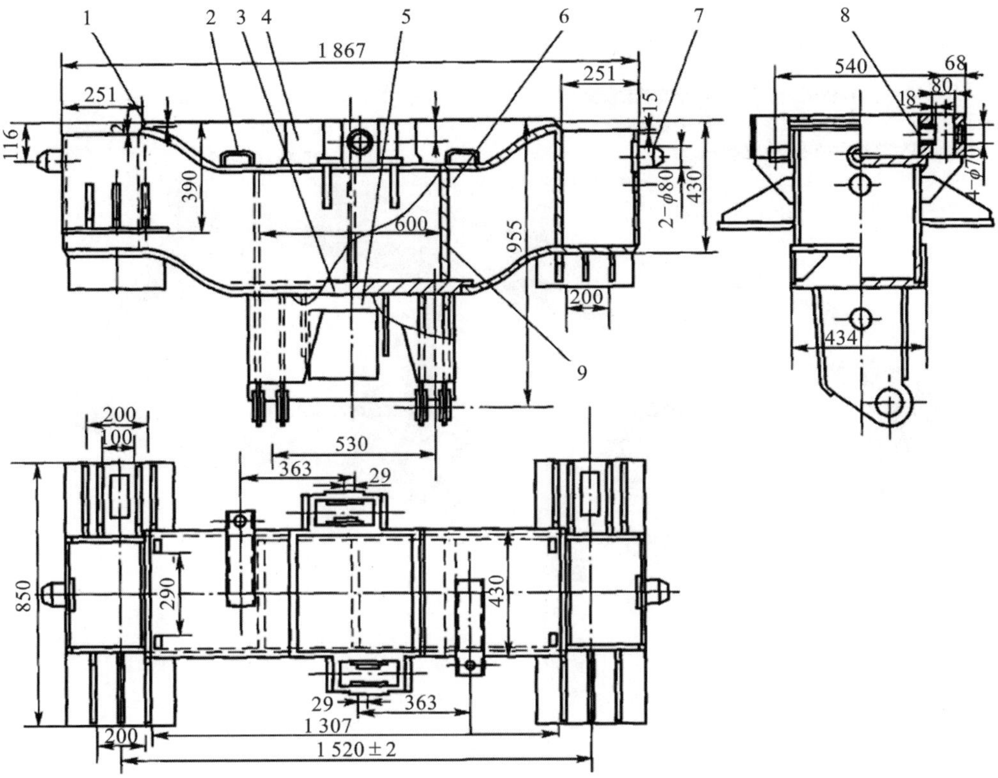

1，3—上下盖板；2—防落框；4—电机悬挂吊座；5—牵引座；6—立板；7—定位销；8—套；9—隔板。

图 3-7 牵引梁

5. 砂箱装置

为了提高机车黏着系数，防止轮对空转和踏面擦伤，可对车轮踏面相对应的钢轨轨面撒砂。SS_4改型电力机车在每台转向架前后左右 4 个角处设置了 4 个砂箱装置，每个砂箱容积为 0.1 m^3，每台转向架砂箱的总容积为 0.4 m^3。

砂箱装置由砂箱、砂箱盖、支架和排石器等组成。砂箱装置均为钢板焊接结构，在组装前应对砂箱焊缝外观、砂箱盖密封情况进行检查。在机车出厂前，应对排石器角钢下端至轨面尺寸 70 ~ 80 mm 的位置进行调整检查，符合要求方能出厂。

6. 构架组装

当侧梁上的各定位板和前后端梁孔、牵引梁上的定位孔加工好，牵引梁两端面、制动器座面、牵引销安装孔和电机悬挂座各孔加工好后，方可进行构架的组焊。

3.2.4 HXD_3 型电力机车转向架构架

HXD_3 型机车转向架构架动画扫码观看

HXD$_3$型电力机车转向架构架主要由左右对称布置的两个侧梁、前端梁、后端梁、牵引横梁和横梁，外加各种附加支座等组成。构架组焊后，成为完全封闭的“目”字形结构，如图 3-8 所示。

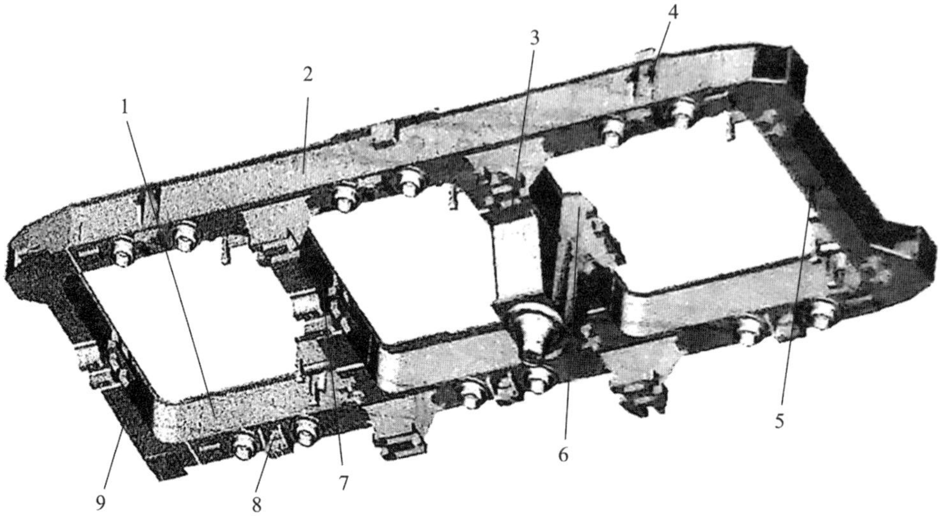

1—左侧梁；2—右侧梁；3—牵引横梁；4—减震器座；5—前端梁；6—电机吊杆座；7—横梁；8—轴箱止挡；9—后端梁。

图 3-8　HXD$_3$机车转向架构架

为了满足重载货运牵引性能的要求，降低整车的质心，同时满足轴重要求，考虑电力机车车体上部重量较轻，适当增加了一系悬挂以上的重量。在设计构架时，为保证构架有足够的强度和刚度，侧架、横梁的下盖板采用了 30 mm 厚的钢板。各梁受力部分的内腔均设有 10 mm 厚的筋板。

牵引横梁承受较大的扭矩，其被设计成如图 3-9 所示的结构。横梁内除设有筋板外，还有钢管串联，以增加牵引梁的刚度和强度。

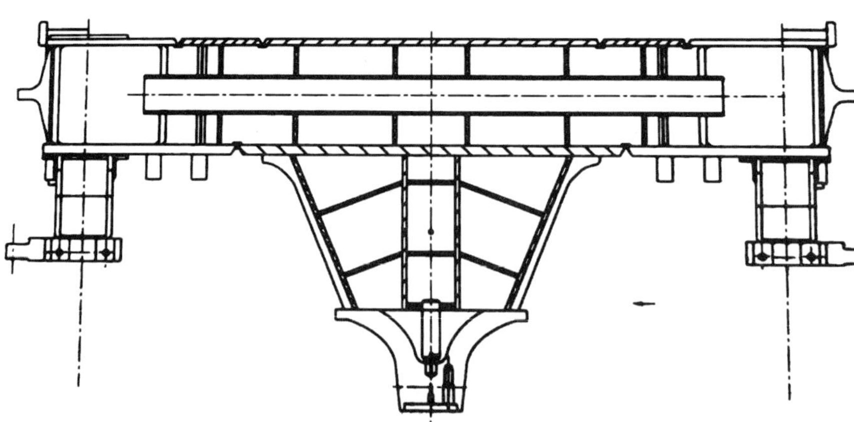

图 3-9　构架牵引横梁

为了增加侧梁与端梁、横梁的连接强度，连接处的上下盖板交错，并且在横梁受力较大的 4 个连接处，采用双面焊。同时，为了降低连接处的应力集中，侧梁与端梁、横梁采用圆弧连接的结构形式。为实现整体起吊功能，在侧梁内和轴线相交处还设有断面为 H 形的筋板结构，以保证吊装时此处的强度。端梁连接处下盖板用排障器座板和砂箱座板补强。

构架整体组焊后，进行回火处理。该构架采用整体加热方式，以消除焊接过程中产生的焊接应力。

任务考核

1. 简述构架的作用、组成和类型。
2. SS_4 改型电力机车的构架由哪些部件组成?
3. HXD_3 型电力机车的构架由哪些部件组成?

巩固练习

1.【单选题】HXD_3 型电力机车转向架构架为（　　）结构。

A.“日”字形　　B.“目”字形

C. H 形　　D. 开口式

2.【多选题】HXD_3 型电力机车转向架构架由（　　）及各种附加支座组成。

A. 侧梁　　B. 前端梁、后端梁

C. 牵引横梁　　D. 横梁

3.【判断题】构架是转向架的重大部件之一，是转向架众多部件联结的基体，也是承载和传力的基体（　）。

4.【判断题】压型钢板焊接构架得到了广泛的使用（　）。

5.【判断题】HXD_3 型电力机车构架的牵引横梁内除设有筋板，并且钢管串联，以增加牵引梁的刚度和强度（　）。

任务 3.3　认识轮对

认识轮对微课视频扫码观看

任务描述

轮对的作用是保证机车车辆在钢轨上的运行和转向，是最直接的受力设备和摩擦部件，是走行部最重要的部件之一。

任务目标

1. 掌握轮对的组成及各组成部件的结构特点。

2. 熟悉 SS_4 改型电力机车轮对的结构组成。

3. 熟悉 HXD_3 型电力机车轮对的结构组成。

任务实施

机车的全部重量都通过轮对传给钢轨；牵引电动机的转矩通过轮对作用于钢轨，产生牵引力；当轮对沿着钢轨运动，在通过钢轨接头、道岔、辙叉及线路的各种不平顺处时，刚性地承受冲击力；组装轮对时，会产生很大的组装应力。重力、动作用力、组装应力共同作用在轮对上，使轮对的受力既复杂又严重。

轮对是簧下重量，为了减轻它对线路的作用力，还应该尽可能地减轻它本身的重量，这一点对高速机车尤为重要。因此适当地选择轮对部件的材料，保证轮对的正确形状和良好的状态，是机车安全运行的必要条件。

3.3.1 轮对的组成和组装

电力机车轮对动画扫码观看

1. 组成

轮对一般由车轮、车轴和传动大齿轮（从动齿轮）组成，如图 3-10 所示。

（1）车轮。

车轮有带箍车轮（组合车轮）和整体车轮两种结构形式。

带箍车轮由轮心与轮箍组成，轮心是车轮的主体，外周装设轮箍，中心安设车轴。轮箍外形是一个带凸缘的圆环，是车轮直接在钢轨上滚动运行的部分。轮心上和车轴压装的部分称为轮毂，和轮箍套装的部分称为轮辋，轮毂与轮辋之间的部分称为轮辐，如图 3-11 所示。轮心用优质钢铸成整体后，经退火和正火等热处理方法消除内应力。轮心按轮辐形式的不同，可分为辐板式轮心、辐条式轮心、箱式辐板轮心。按是否压装有传动大齿轮，可分为长毂轮心、短毂轮心。

图 3-10　轮对

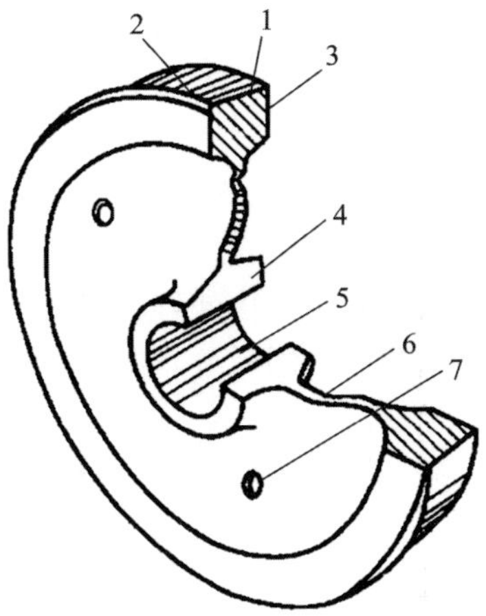

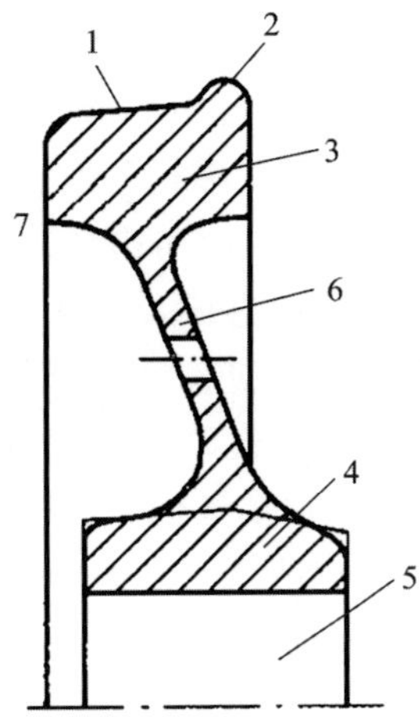

1—踏面；2—轮缘；3—轮辋；4—轮毂；5—轮毂孔；6—轮辐；7—辐板孔。

图 3-11　轮心各部分名称

随着机车速度的不断提高，为克服带箍车轮在运用中的缺陷，电力机车现已倾向于取消轮箍，而采用整体车轮，具体原因如下：

① 机车运行速度大幅度提高后，车轮高速转动时的离心力对轮箍所产生的应力往往有可能破坏轮箍的结合强度。

② 采用踏面制动的机车，闸瓦传热散热不良将引起制动时轮箍温升过高，发生轮箍弛缓。

③ 对某些采用空心轴传动的电机全悬挂机车，轮心辐板要开设穿入连杆轴销或空心轴拐臂的孔，辐板强度被削弱，难以保证轮箍与轮心的配合强度。

④ 采用整体车轮可适当减少簧下重量。

⑤ 整体车轮的生产成本相对低。

⑥ 整体车轮的镟修限度比组合车轮小，使用寿命更有保证。

（2）车轴。

车轴为车轴钢锻制成的阶梯轴，大致分为轴颈（抱轴颈）、轮座和中央部（轴身）几个部位，车轮及从动齿轮安装在车轴相应的轮座上，如图 3-12 所示。

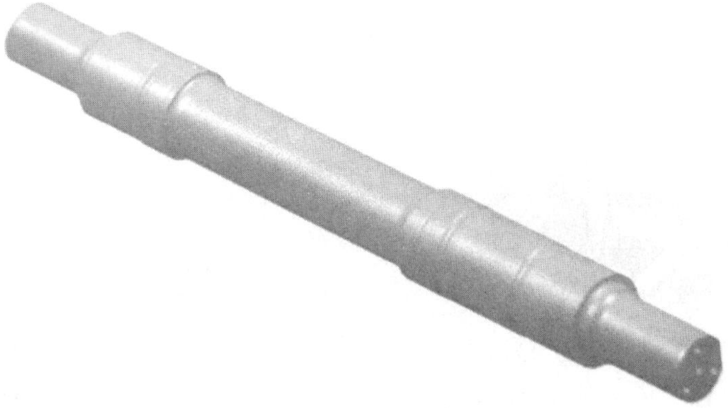

图 3-12　车轴

车轴所受的主要应力都是交变的，包括：由于垂向载荷和曲线通过时轮轨侧压力引起的弯矩，齿轮传动时和一侧车轮滑行时引起的扭矩，线路冲击、簧上部分的振动和制动装置作用等。所以多数车轴的折损都是由疲劳裂纹引起的。

为了减少车轴的疲劳破坏，一般可采取以下措施：

① 车轴钢坯：进行人工时效或自然时效处理以消除内应力。

② 车轴表面：应有较高的表面光洁度；进行表面滚压强化处理，提高抗疲劳能力。

③ 不同直径的过渡部分：要有尽可能大的过渡圆弧，同时要求过渡圆角表面粗糙度要低；正火处理后需进行试样检查。

④ 相邻部位两轴径之比一般不大于 1.12，且使抱轴颈直径大于车轴中央部分直径，以免磨损后产生应力集中。

2. 轮对各部分的组装

轮对各部件之间都采用过盈配合，对于各部件加工时的过盈量、组装时的压装力、加热温度、油压大小，都有严格的要求。一般过盈量为配合直径的 1‰ ~ 1.5‰。

对于组合车轮，车轮和车轴的装配工艺，一般先压装车轴后套轮箍。大齿轮和轮心、轮心和车轴的组装，由于直径较小，一般采用直接冷压装的方法；而轮箍和轮心的组装，由于直径大，一般采用把轮箍加热后套装在轮心上，冷却后自然收缩抱紧的热套装方法。

在轮心和车轴的组装方面，我国近来常采用注油压装工艺。在轮心上设有注油油孔和与油孔相连的注油槽，当压装或退轮时，可采取用高压油泵向油孔内注入高压油，使轮心与轴配合表面渗满高压油，再用压力机施予压力，将车轴压入或退出轮心的组装工艺。这种工艺，不但可降低压入或退出吨位，更主要的是可避免配合表面被拉伤，保证了产品质量。

3.3.2 车轮外形

认识电力机车车轮外形微课视频扫码观看

车轮外形分为轮缘和踏面两部分。其中车轮与钢轨内侧面（轨肩）接触的凸缘部分，叫轮缘；与钢轨顶部接触的外表面即车轮在钢轨上滚动的部分，叫踏面。

无论是整体车轮还是带箍车轮，其外形尺寸都必须按铁标中关于车轮轮缘和踏面外形的相关规定加工，加工后用标准样板进行检查。为保证轮对在钢轨上平稳运行，顺利通过曲线，降低轮缘及踏面磨耗，延长镟轮里程，应使轮缘和踏面保持合理的几何形状。

1. 标准锥形踏面

铁标 TB/T 449—2016 中的 B 型车轮轮缘踏面外形加工轮缘和踏面如图 3-13 所示。

轮缘厚度（从距轮缘顶部 18 mm 处测量）33 mm；轮缘高度 28 mm；轮箍宽度 140 mm；

车轮名义直径（距轮缘内侧面 73 mm 处的圆周）1 250 mm（新轮）、1 200 mm（半磨耗）、1 150 mm（全磨耗）；轮缘角（轮缘外侧面与水平面的角度）65°；踏面有 1∶20 和 1∶10 两段斜面；轮缘内侧有 *R*16 的倒角，以便引导车轮顺利通过护轮轨。

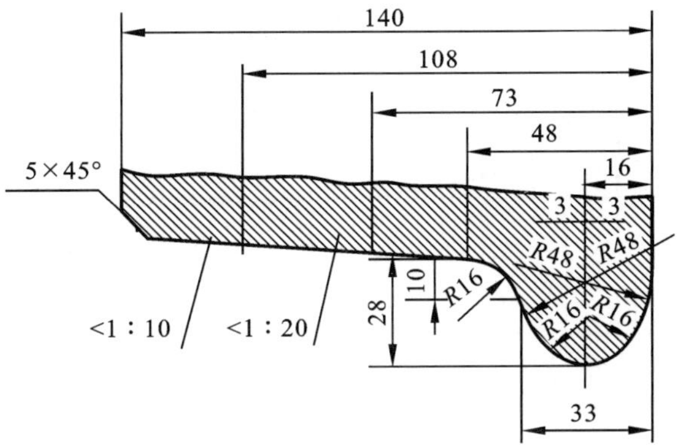

图 3-13　标准锥形踏面

车轮踏面要制成 1∶20 和 1∶10 两段斜度并成圆锥形的原因：

（1）机车在曲线上运行时，外轮沿外轨走行的距离大于内轮沿内轨走行的距离。由于内外轮固装在同一根轴上，如果两轮踏面皆为圆柱形，势必引起内轮向后或外轮向前滑行。如果踏面具有锥度，则曲线通过时，轮对在离心力的作用下往往会贴靠外轨，外轮与外轨接触面的直径必然大于内轮与内轨接触面的直径，这样就减少乃至避免了车轮的纵向滑行。

（2）机车在直线上运行时，踏面锥度有使轮对自动滑向轨道中心的倾向，形成轮对的蛇行运动，防止轮缘单靠、偏磨，有利于整个踏面磨耗均匀。但随着机车运行速度的提高，踏面锥度会引起蛇行运动加剧，影响机车的横向稳定性及运行品质，因此，踏面斜度不宜过大。

（3）踏面锥度能使轮对与轨面接触面减少，降低了摩擦阻力。

（4）斜度 1∶20 的踏面经常与钢轨顶面接触，磨耗较快，易使踏面形成凹陷。当机车进入道岔或小曲线半径弯道时，轮对可能产生剧烈跳动甚至脱轨。为确保行车安全，可在 1∶20 斜度的外侧制作一段 1∶10 斜度的斜面，使踏面磨耗到一定程度时安全通过道岔。

但是随着机车速度提高，蛇行运动会引起机车横向振动的加剧，使机车运行品质恶化。机车在直线高速运行时，将加剧机车的水平振动，不断横向打击钢轨，严重时将导致机车脱轨。

2. 磨耗型踏面

锥形踏面与钢轨在狭小的接触面上会产生较大的局部磨耗，使踏面呈现凹形。但踏面达到某种凹形程度后，外形便会相对稳定，磨耗变慢。如果事先将踏面外形设计成凹形，则一开始轮轨的接触就比较稳定，磨耗速度较小。因此，可直接将新踏面做成磨耗后的形状，也就是近年来世界各国广泛采用的磨耗型踏面，如图 3-14 所示。

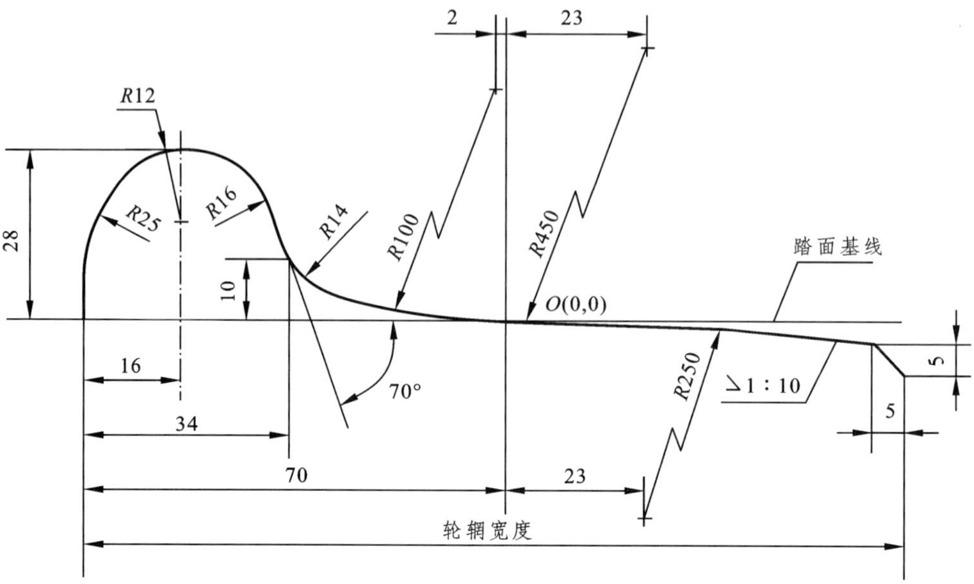

图 3-14　JM_3 型磨耗型踏面

磨耗型踏面在外形上主要的特点如下：

踏面与圆弧形轨头在直线上的接触部分不是锥面而是圆弧形的凹面，轨头表面圆弧半径通常为 *R*300，踏面圆弧半径宜为 *R*500 左右，这两个圆弧半径相差不宜过大，否则踏面的等效斜率过大。在锥形踏面的轮缘根部与踏面连接处有一段小圆弧 *R*14～*R*16，磨耗型踏面在此小圆弧与踏面连接处加了一段 *R*100 左右的过渡圆弧，该段过渡圆弧避免了踏面和轮缘与钢轨两点接触的情况，如图 3-15 所示。

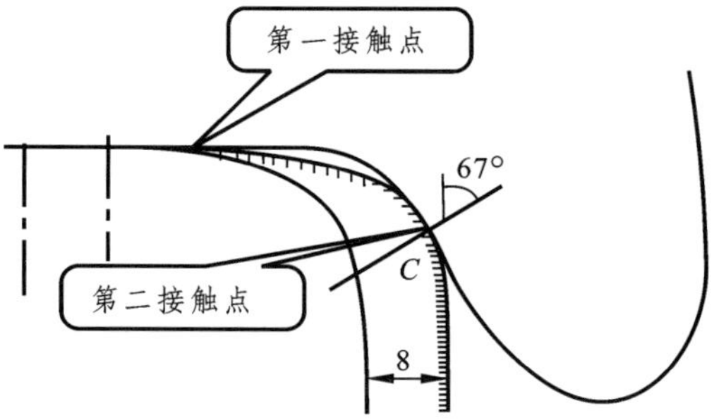

（a）锥形踏面

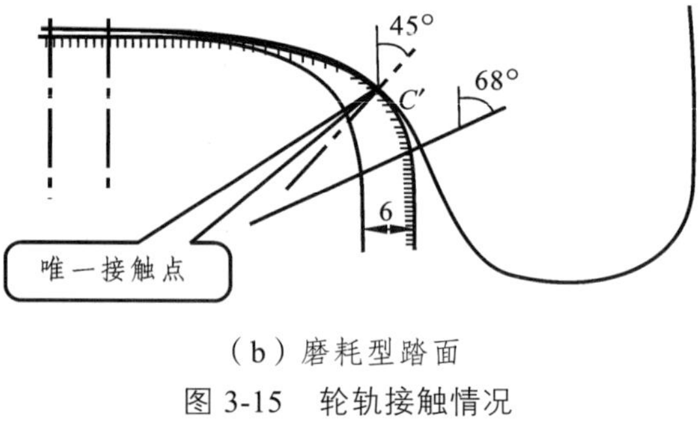

（b）磨耗型踏面

图 3-15　轮轨接触情况

优点：延长了镟轮里程，减少了镟轮时的车削量；在同样的轴重下，接触面积增大，接触应力较小，在同样的接触应力下，容许更大的轴重；减少了曲线上的轮缘磨耗（轮轨间一点接触）；减少了踏面磨耗（踏面与轨头接触面积较大、磨耗带较宽）。

缺点：等效斜率较大，对机车蛇行稳定性不利。为此，对于速度较高的机车，必须采取相应的措施来保证机车具有足够的运行稳定性。

3. 低斜度锥形踏面

高速列车多采用 1∶40 低斜度的锥形踏面，有助于提高转向架的蛇行临界速度，以改善机车高速运行时的稳定性。但应注意，踏面磨耗后，斜率会显著增大，需及时镟轮，尽量保持踏面原有外形。

3.3.3 SS_4 改型电力机车轮对

SS_4 改型电力机车轮对由一根车轴、左右两个车轮和两个大齿轮组成，如图 3-16 所示。

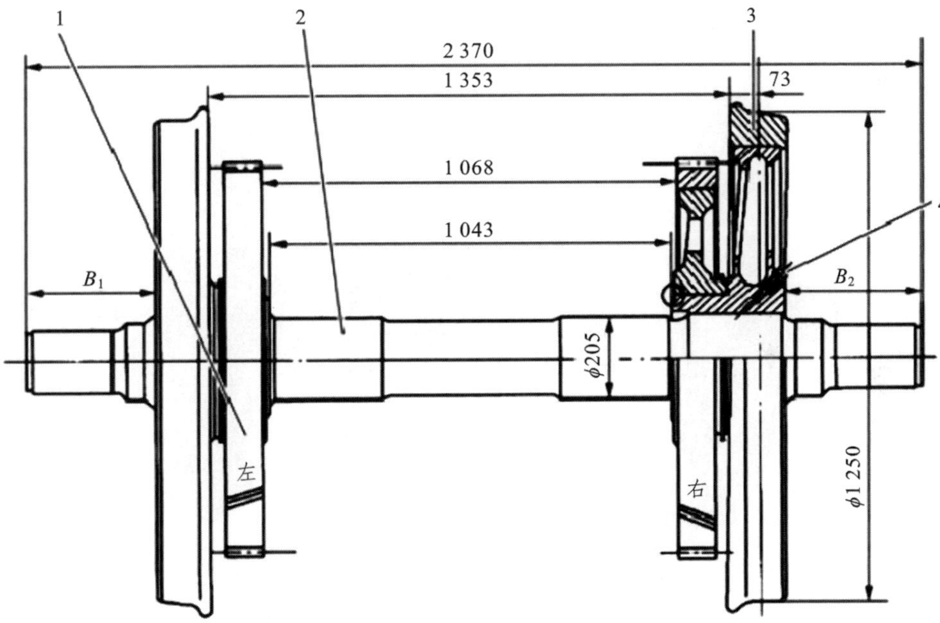

1—大齿轮；2—车轴；3—车轮；4—油堵。

图 3-16　SS_4 改型电力机车轮对

车轴用 JZ 钢锻造，包括轴颈、防尘座、轮座、抱轴颈和轴身五部分，其圆弧部分、轮座和抱轴颈表面进行了滚压强化处理，如图 3-17 所示。

车轮采用组合车轮，由轮心和轮箍组成，轮心为箱式辐板结构，材料为 ZG230-450 铸钢，质量 370 kg，轮箍由轮箍钢轧制而成。

组装轮对时，首先把压装有大齿轮的轮心在冷态情况下压到车轴的轮座上，压力为 785 ~ 1 275 kN。另外，车轮和车轴装配也可采用注油压装，注油油压应在 98 ~ 147 MPa。轮箍和轮心的组装通常采用热套装。

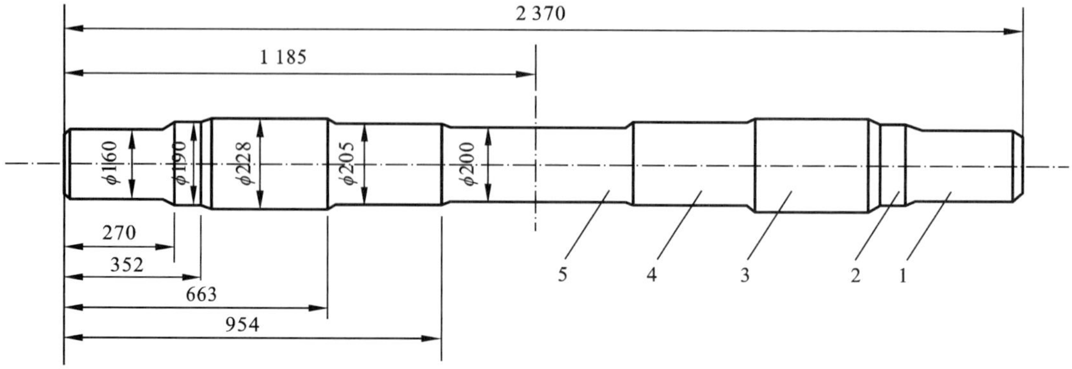

1—轴颈；2—防尘座；3—轮座；4—抱轴颈；5—轴身（中央部）。

图 3-17　SS_4 改型电力机车车轴

3.3.4　HXD_3 型电力机车轮对

HXD_3 型机车轮对装配由车轮装配、车轴、驱动装置组成，如图 3-18 所示。

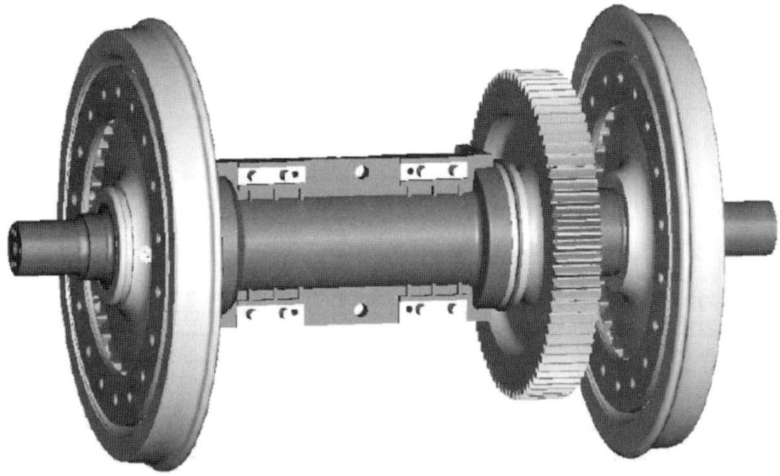

图 3-18　HXD_3 型电力机车轮对装配

采用注油压装方式将车轮组装到车轴的轮座上时，车轮拆卸时仍可通过轮毂上的高压油孔注油退下。

从动齿轮直接套在车轴上，滚动抱轴箱在车轮压装前装配到车轴上，并调整好轴承游隙。

车轮装配包括整体车轮和摩擦制动盘组装，整体车轮采用进口整体辗钢轮，车轮踏面为标准规定的 JM3 型踏面。车轴由 JZ50 碳素钢锻制而成。由于车轴在机车运行中受到较大的交变载荷、牵引力、侧压力以及各种复杂的动载荷等，所以除需保证有足够的强度外，还应尽可能地减少车轴各截面上的应力集中。因此在设计时，相邻部位两轴颈之比 D/d 不大于 1.12，任意两个相邻轴肩处，均采用圆弧过渡，选择半径时，应尽可能选择大些的。为了提高车轴的抗疲劳强度，在轴颈和大圆角处均采用滚压加工。

任务考核

1. 简述轮对的组成和组装。
2. 锥形踏面为何要将踏面制成 1∶10 和 1∶20 两端斜度并成锥形？
3. 简述磨耗型踏面的特点。
4. 为什么现在的电力机车广泛采用整体车轮？

巩固练习

1.【多选题】轮心按轮辐形式的不同，可分为（　　）。

A. 辐条式　　B. 辐板式　　C. 箱式　　D. 辐丝式

2.【多选题】随着机车速度的不断提高，为克服带箍车轮在运用中的缺陷，电力机车现已广泛采用整体碾钢车轮，其原因为（　　）。

A. 车轮高速转动产生的离心力对轮箍产生的应力往往有可能破坏轮箍的结合强度

B. 采用空心轴传动时，辐板要开孔，辐板强度被削弱。所以有必要改用整体车轮。

C. 可减少簧下重量

D. 整体车轮镟修限度比组合车轮小，使用寿命有保证。

3.【单选题】车轮与钢轨内侧面接触的凸缘部分，叫（　　）。

A. 轮辐　　B. 轮辋　　C. 轮缘　　D. 踏面

4.【单选题】车轮与钢轨顶部接触的外表面，即车轮在钢轨上滚动的部分，叫（　　）。

A. 轮辐　　B. 轮辋　　C. 轮缘　　D. 踏面

5.【单选题】电力机车车轮（新轮）直径为（　　）mm。

A. 1 150　　B. 1 200　　C. 1 250　　D. 1 300

6.【多选题】以下属于标准锥形踏面特点的是（　　）

A. 踏面与轨面接触面积较大

B. 通过曲线时，能显著的减少滑行

C. 直线上运动时，会形成轮对的蛇行运动

D. 减轻踏面磨耗凹陷的严重程度

7.【判断题】电力机车的轮对由车轮和车轴组成（　）。

8.【判断题】轮心上和车轴压装的部分称为轮辋（　）。

9.【判断题】磨耗型踏面与圆弧形轨头接触的是圆弧形的凹面（　）。

10.【判断题】磨耗型踏面轮缘根部与踏面连接处有一段小圆弧 $R14\sim R16$，在此小圆弧与踏面连接处加了一段 $R100$ 左右的过渡圆弧，这段过渡圆弧避免了踏面和轮缘与钢轨的两点接触（　）。

认识轴箱及其定位方式微课视频扫码观看

任务 3.4 认识轴箱

任务描述

轴箱装设在车轴两端的轴颈上，用来安设轴承，并将全部簧上载荷传给车轴，并将来自轮对的牵引力或制动力传到转向架构架上。此外，它还负责传递轮对与构架间的横向作用力和纵向动作用力。

任务目标

1. 掌握轴箱定位的概念及类型。
2. 熟悉 SS_4 改型电力机车轴箱及轴箱拉杆的结构组成。
3. 熟悉 HXD_3 型电力机车轴箱及轴箱拉杆的结构组成。

轴箱定位概念动画扫码观看

任务实施

3.4.1 轴箱定位

1. 轴箱定位的概念

轴箱与转向架构架的连接方式，称为轴箱定位。

轴箱相对于构架应是个活动关节，在不同的方向有不同的位移。对轴箱定位的要求是：

（1）应保证轴箱能够相对于转向架构架在机车运行中做垂向跳动，以保证弹簧装置能够充分发挥其缓和冲击的作用。

（2）在机车通过曲线时，轴箱应当能够相对于转向架构架做小量的横动，以利于机车顺利通过曲线。

（3）在机车纵向则要求有较大的刚度，保证牵引力、制动力的传递（对普通转向架而言）。

由上可知，轴箱定位绝不仅仅意味着固定轴箱的位置，更是要保证轴箱按运行的需要进行恰当的位移，在不同的方向，位移的数值有不同的要求。所以，轴箱定位往往又被称为轴箱导向方式。轴箱定位起到了固定轴距和限制轮对活动范围的作用。

2. 轴箱定位的分类

轴箱定位分为有导框定位和无导框定位两大类。

（1）有导框轴箱定位。

导框定位曾经是机车、客货车辆轴箱定位的唯一方式，现在仍在一些车辆上大量沿用，如图 3-19 所示。

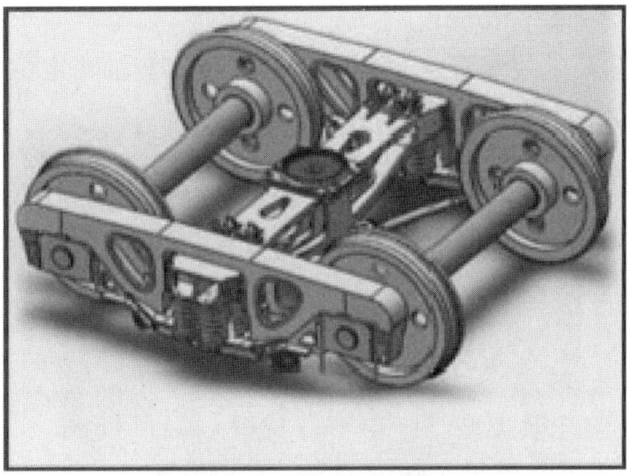

图 3-19　导框轴箱定位

在构架的侧梁下面设轴箱导框，在轴箱体的前后两侧设有导槽，轴箱上的导槽与构架上的导框配合滑动，组成导框定位。轴箱不仅可在导框内沿导框上下移动，也可以在导框与导槽间隙允许的范围内适当横动，使轮对有一定的横动量。为了加固轴箱导框，并防止轴箱脱出，在导框下面安装了轴箱托板。为了便于检修，在构架导框与轴箱导槽的摩擦面上装设了耐磨的衬板，并且经常加注润滑油，对于磨耗到限的衬板，应及时予以更换，如图 3-20 所示。

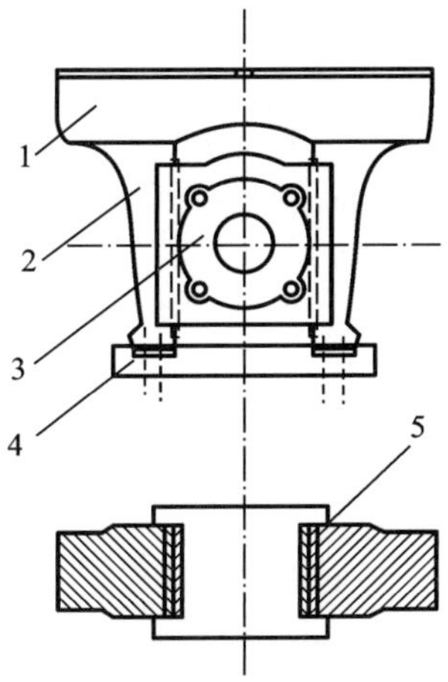

1—构架侧梁；2—轴箱导框；3—轴箱；4—托铁；5—衬板。

图 3-20　导框式轴箱定位结构

有导框定位方式的缺点是：存在摩擦面，磨耗严重，增加了检修工作量和检修成本；运用中需经常补给润滑油，维修保养比较困难，磨耗松旷后产生打音；横向位移没有弹性，不利于降低轮轨之间的动作用力，动力曲线通过性能较差等。

（2）无导框轴箱定位。

随着橡胶工业的发展和转向架技术的进步，取消了转向架上的轴箱导框，采用无导框轴箱定位。无导框轴箱定位在结构形式上又有多种，如八字形橡胶堆式轴箱定位、轴箱拉杆定位、拉板式定位、转臂式定位、层叠圆锥橡胶定位、导柱式定位等。

① 八字形橡胶堆式轴箱定位。

八字形橡胶堆式轴箱定位装置，也称人字形橡胶弹簧轴箱定位，同时具备轴箱定位装置的功能，如图 3-21 所示。

图 3-21　八字形橡胶堆式轴箱定位

采用这种轴箱定位方式时，会在每一轴箱的前后侧各装一个金属橡胶夹层弹簧（俗称“三明治”橡胶金属结构），一端与转向架构架固接，另一端与轴箱体固接。这种装置不仅支承上部重量，发挥轴箱弹簧的作用，而且还可以弹性地传递纵向力和横向力。改变夹层钢板的形状、数量和弹簧的安装角度，可使弹簧在各个方向达到所需要的不同刚度，适应承载和轴箱定位的需要。

这种轴箱定位的优点是：质量轻，结构简单，能吸收音频振动，运行中没有噪声，不存在磨耗等。

这种装置取代了传统的一系弹簧悬挂装，而橡胶弹簧目前还存在性能不够稳定，受温度影响大，制造工艺复杂等问题，所以只在一部分国家得到应用。

拉杆式轴箱定位动画扫码观看

② 拉杆式轴箱定位。

拉杆式轴箱定位，是目前各国认定的比较先进可靠、采用较普遍的一种无导框轴箱定位方式。它最早由法国阿尔斯通公司设计制造出来，所以又称为阿尔斯通式轴箱定位，如图 3-22 所示。

在轴箱体的前后两侧，伸出高低不同的两个轴箱耳，各连接一根轴箱拉杆。通过轴箱拉杆将轴箱与转向架侧梁下焊装的轴箱拉杆座连接起来。轴箱拉杆两端处装有橡胶套，销子两端有橡胶垫。

图 3-22　拉杆式轴箱定位

采用这种带有橡胶关节的轴箱拉杆定位方式时，轴箱可以依靠橡胶关节的径向、轴向及扭转弹性变形，实现各方向的弹性位移，使轮对与构架的联系成为弹性联系。

一般这种拉杆定位的纵向刚度比八字形橡胶堆式定位的纵向刚度大，更符合传递牵引力、制动力等纵向力的需要。

两个轴箱拉杆的位置高低不同，这种形式叫作双扭动式拉杆机构，如图 3-23 所示。其目的是满足轴箱垂向位移的需要。因为拉杆在纵向上刚度很大，伸缩较小，如果将两个拉杆设在同一高度，轴箱的垂向位移势必因拉杆长度不能变化而受到极大的限制。把两个轴箱拉杆安排得一高一低，就可以在拉杆长度不变的条件下允许轴箱上下跳动。不过应注意，在轴箱上下位移时还会伴随一定角度的转动（这种转动是完全无碍的）。

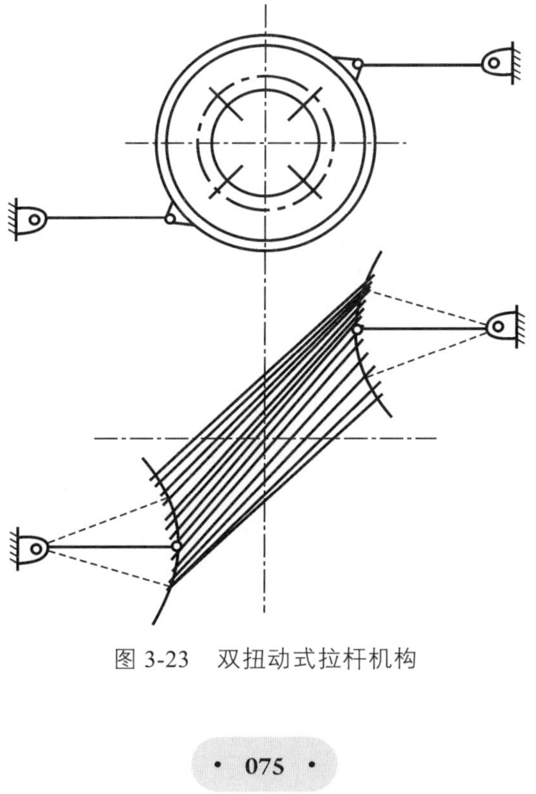

图 3-23　双扭动式拉杆机构

采用这种轴箱定位的优点是：没有磨耗件，不需要润滑，减少了保养工作量；有一定的横向刚度，轮对不能自由横动，有利于改善运行中的蛇行运动，轮缘磨耗较小；轴箱与构架的弹性连接具有缓和冲击和隔声作用；橡胶件起到了降低动作用力、提高运行平稳性的作用，运行中没有噪声；不影响一系弹簧悬挂的单独设计，更易得到推广。

但是通过这种方式定位，由于拉杆的约束，会使一系弹簧悬挂的刚度有所增加。

3.4.2　SS_4 改型电力机车轴箱及轴箱拉杆

1. 轴箱

SS_4 改型电力机车轴箱采用独立悬挂、弹性定位拉杆式结构，主要由前、后盖，轴箱体，圆柱滚子轴承，密封环，接地棒，轴圈、轴承内圈、外圈和挡板等组成，如图 3-24 所示。

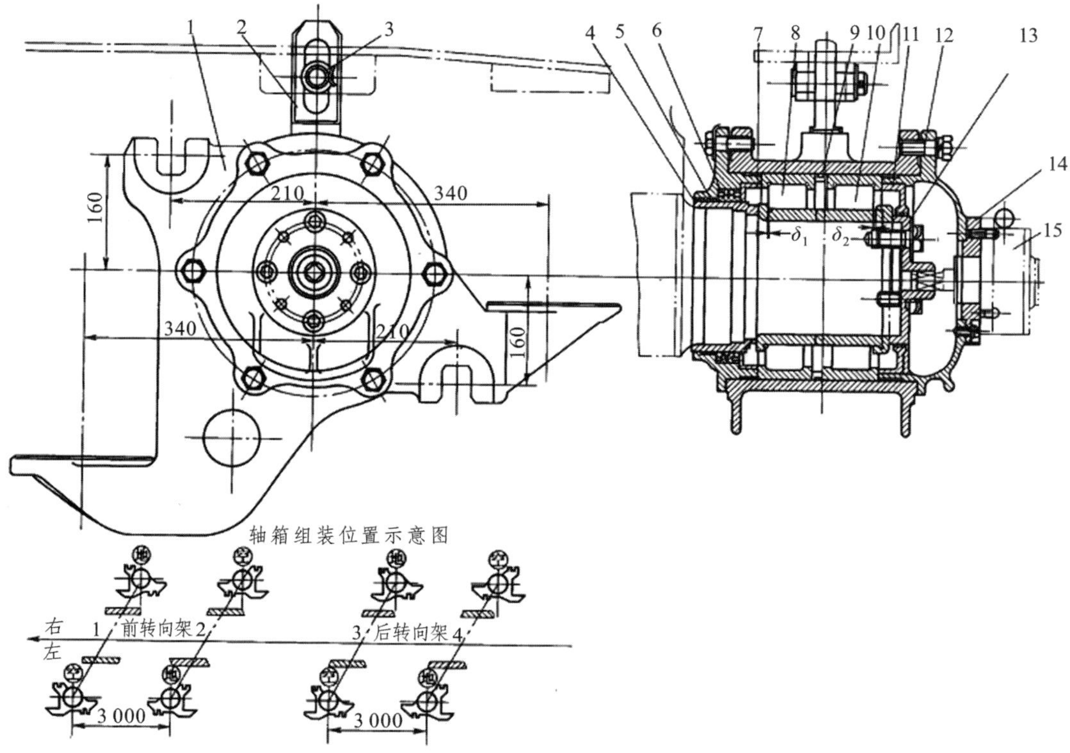

1—轴箱体；2—吊耳；3—销轴；4—轴圈；5—后盖；6—密封环；7—挡圈；8—轴承；9—隔环；10—轴承；11—密封环；12—前盖；13—挡板；14—外盖；15—防空转传感器。

图 3-24　SS_4 改型电力机车轴箱组装

（1）前、后盖。

前、后盖均为 ZG230-450 铸钢件，它用螺栓与轴箱体连接在一起。其突缘紧压短圆柱滚子轴承外圈，以防轴承外圈左右移动，也起到了传递轴向力、防尘和保护轴箱内部零件的作用。

（2）轴箱体。

轴箱体为 ZG230-450 铸钢件，中间成圆筒形，内孔与轴承外圈为动配合。左上方和右下方设有八字形切口，与轴箱拉杆相连接。两边还伸出弹簧座，一系弹簧就坐落在弹簧座上。

（3）轴承。

为了改善构架受力状态，SS_4 改型电力机车轴箱轴承在同一轮对上采用左右轴箱能同时承受轴向力和径向力的单列向心短圆柱滚子轴承。每组轴箱采用两种轴承，其内侧采用 552732QTK 轴承，其外侧采用 752732QTK 轴承，组装后轴箱单边横动量为 0.75 mm。在组装轴箱前，应清洗轴颈、轴承和轴箱配件。轴圈加热温度在 200 ℃以下。轴承内圈加热温度在 150 ℃以下。轴承内应加相当于轴承室总容量 1/3 ~ 1/2 的 3 号锂基脂。

（4）密封环。

为了防止油污、水和灰尘进入轴箱内，在轴箱后盖与挡圈之间装设有两个橡胶密封环。

（5）接地棒和接地电刷。

每根车轴的一个轴箱内设置有一套接地棒和接地电刷装置，以防止轴箱滚动轴承电蚀，改善机车导电性能。

（6）挡板。

挡板有两种，一种是与接地棒相连接的圆孔挡板，另一种则是方孔挡板。方孔与测速传感器和防空转防滑传感器的方轴相配合，形成车轴与传感器的连接装置。

（7）吊耳。

当车体或转向架起吊时，为防止一系减振器超出行程而遭到破坏，在轴箱与构架之间设置了吊耳。其限位为 30 mm，它起到了能使转向架整体起吊和保护一系减振器的作用。

轴箱载荷的传递：

垂向载荷的传递顺序（以重力为例）：构架→轴箱弹簧→轴箱体→轴承→车轴→车轮→钢轨。

纵向力的传递顺序（以牵引力为例）：轮轨接触点→车轮→车轴→轴承→轴箱体→轴箱拉杆→构架。

横向力的传递顺序（以轮轨侧压力为例）：钢轨侧压力→轮缘→车轴→轴承→前后盖→轴箱体→轴箱拉杆→构架。

2. 轴箱拉杆

SS_4 改型电力机车轴箱采用双扭动式弹性拉杆定位装置。轴箱拉杆由连杆体、长拉杆、短拉杆、橡胶圈、端盖、橡胶端垫组成，如图 3-25 所示。

连杆体为 ZG230—450 铸钢件，成双筒形，中间连接部分呈工字形。长、短拉杆为 45 号锻钢。拉杆中间为圆柱形，两端成八字形，八字形凸面与轴箱体和构架拉杆座的凹八字形面相配合，并用螺栓紧固。橡胶圈为橡胶元件，长拉杆处两个，短拉杆处一个。

为增加橡胶端垫的刚度和强度，在其中部添加 2 mm 厚的钢板金属夹层。端盖用半圆卡环固定，组合后的轴箱拉杆形成一个整体弹性组件，它承受和传递各种负荷（牵引力、制动力、冲击作用力和横向力），缓和并衰减各种振动，改善机车性能。但橡胶件本身容易老化，运用一段时间后应对其进行外观和性能检查，不合格的元件要及时更换。

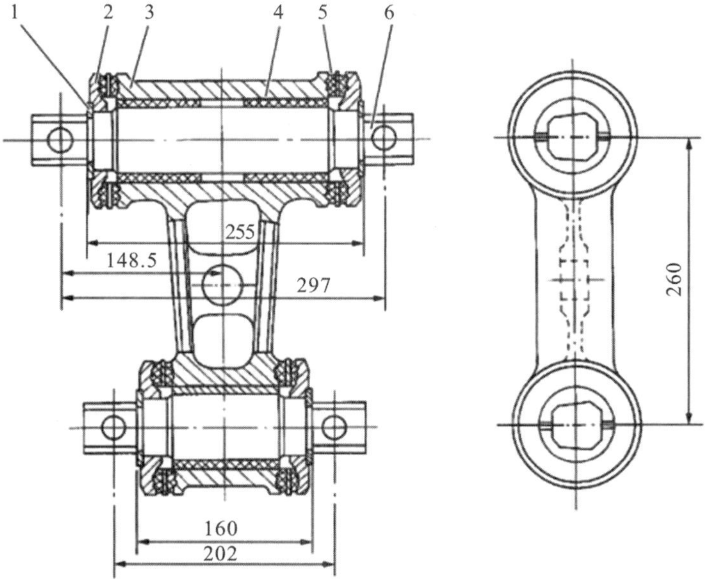

1—止块；2—端盖；3—连杆体；4—橡胶圈；5—橡胶端垫；6—拉杆。

图 3-25　SS_4 改型电力机车轴箱拉杆

3.4.3　HXD_3 型电力机车轴箱及轴箱拉杆

1. 轴箱

HXD_3 型机车轴箱采用独立悬挂，轴箱相对构架的上下和横向移动，是靠弹簧、橡胶元件的弹性变形来实现的。轴箱主要由前后端盖、轴箱体吊钩、轴承单元、压盖、接地装置、速度传感器等组成，如图 3-26 所示。

两个端轴的轮对相对轴箱没有自由横动量，中间轴的自由横动量为±15 mm。这些横动量完全是由轴箱内的轴箱轴承提供的。该机车端轴轴箱选用 FAG801804 轴承，中间轴箱选用 FAG804116 轴承，轴箱轴承经过计算都有近 300 万千米的行程寿命。需要注意的是 FAG804116 轴承因为横动量大需要机车每运行 20 万千米便进行 150 g 的油脂补充。

1—轴箱拉杆；2—后端盖；3—防尘圈；4—轴承；5—减振垫；6—轴箱弹簧；7—吊钩；8—垂向减振器；9—轴箱体；10—压盖；11—端盖；12—接地装置。

图 3-26　HXD_3 型电力机车轴箱装配结构图

2. 轴箱拉杆

采用单拉杆与构架弹性相连，把机车簧上部分的重量传递给轮对，同时将来自轮对的牵引力、制动力、横向力等传递到构架上，如图 3-27 所示。

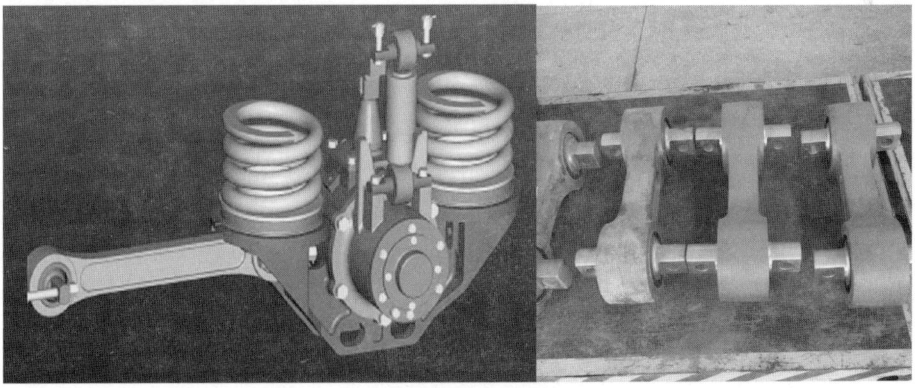

图 3-27　HXD_3 型电力机车轴箱拉杆

任务考核

1. 何为轴箱定位？对轴箱定位有何要求？
2. 拉杆式轴箱定位有什么特点？
3. 简述 SS_4 改和 HXD_3 型电力机车的轴箱组成。

巩固练习

1.【单选题】(　　)设置在机车转向架构架与轴箱之间。

A. 次悬挂　　　　B. 二系悬挂

C. 主悬挂　　　　D. 两系悬挂

2.【单选题】(　　)，设置在车体底架与转向架构架之间。

A. 次悬挂　　　　B. 一系悬挂

C. 主悬挂　　　　D. 两系悬挂

3.【单选题】一般来说，货车的速度较低，要求具有良好的粘着性能。其悬挂装置的特点是(　　)。

A. 一系硬二系软

B. 一系软二系硬

C. 一二系均较软，总的静挠度较大

D. 一二系均较硬，总的静挠度和客运机车相近

4.【单选题】客运机车的速度较高，机车的运行平稳性和稳定性是主要问题。因此，其悬挂装置的特点是(　　)。

A. 一系硬二系软

B. 一系软二系硬

C. 一二系均较软，总的静挠度和货运机车相近

D. 一二系均较硬，总的静挠度较小

5.【多选题】以下属于簧下重量的是(　　)。

A. 构架　　　　B. 轮对

C. 轴箱　　　　D. 牵引杆

6.【判断题】橡胶弹簧受载时的弹性变形，既有压缩变形，也有拉伸变形(　)。

7.【判断题】圆弹簧具有良好的缓冲和吸振能力(　)。

8.【判断题】油压减振器将机车振动冲击的机械能通过黏滞阻尼形式转变为热量，并散发掉，从而达到衰减振动的目的(　)。

9.【判断题】橡胶弹簧有良好的减振性能、灵敏性好、质量轻、形体小；但在运行中需经常检查(　)。

10.【判断题】适当增大簧下重量，有利于提升机车运行的稳定性(　)。

任务 3.5　认识弹簧装置

认识弹簧装置微课视频扫码观看

任务描述

弹簧装置又叫悬挂装置，包括弹性元件和减振器。现代电力机车均采用两系悬挂装置，即一系悬挂和二系悬挂，用以增大机车的总静挠度，改善机车在铅垂方向的运动平稳性，减少机车对线路的动作用力。一系悬挂（主悬挂）也叫轴箱悬挂装置，安设在轴箱（轮对）与构架之间；二系悬挂（次悬挂）也叫中央悬挂装置，安设在构架与车体之间。

任务目标

1. 熟悉常用弹性元件和减振器的类型和特点。
2. 熟悉 SS_4 改型电力机车轴箱悬挂装置的结构组成。
3. 熟悉 HXD_3 型电力机车轴箱悬挂装置的结构组成。

任务实施

弹簧装置的结构形式和参数选择直接影响着机车的动力学性能。良好的弹簧装置，能够使机车运行平稳、振动减少，保护车内的设备，减轻乘务人员疲劳度，对安全行车有积极的意义。同时，也可减轻机车簧上部分振动带给线路的冲击破坏作用。

通常把一系悬挂以上的质量称为簧上重量；把一系悬挂以下的质量称为簧下重量，由于簧下重量属于未经弹簧悬挂缓冲而直接传给钢轨的重量，所以又称死重量。簧下重量会对线路产生较大的动作用力，而且随着机车速度越高，带来的动作用力也越大，必须设法减轻。一般来说，运行速度为 140 ~ 160 km/h 的机车必须采用全悬挂的电机悬挂方式（如采用半悬挂电机悬挂方式，约电机一半的重量会变成簧下重量）。

对于速度较低的机车（V_{max}≤100 km/h），要求具有良好的黏着性能。因此，其悬挂装置的特点是一系软、二系硬：二系硬，能使轴重转移减少；总的静挠度不大，主要由一系来提供。对于重载货运机车，为了减少轴重转移，二系悬挂采用静挠度很小的结构，例如橡胶堆旁承，其静挠度为 10 ~ 20 mm。

对于速度较高的机车，机车振动加剧，如何保证机车的运行平稳性和稳定性是主要需解决的问题。因此，其悬挂装置的特点是一系硬，二系软：总的静挠度比货运机车大，主要由二系来提供；二系软，可显著减小车体的振动加速度，有利于机车的高速运行平稳性。近代准高速及高速机车的二系悬挂大多采用高圆簧加橡胶垫，二系挠度大，而一系采用弹簧圈数较少的圆弹簧，其挠度为 50 ~ 60 mm。

机车弹簧装置的垂向静挠度数值（单位：mm）应等于或稍大于机车的最大运行速度数值（单位：km/h）。这一经验数值一直沿用至今。

3.5.1 电力机车常用的弹性元件

机车上常用的弹性元件主要有圆弹簧和橡胶弹簧两种。

无论采用何种弹簧元件，它们的共同作用原理都是利用弹性元件受附加载荷时产生的弹性变形，将振动冲击能量转化为元件变形的位能，然后将位能释放出来，形成元件及簧上部分的振动，在振动过程中，冲击能量转化为热量散发掉，使振动加速度和动作用力大大降低。

1. 圆弹簧

圆弹簧也叫螺旋弹簧，一般将圆形截面弹簧钢条加热后卷绕而成，其外形有圆柱、圆锥等形状。机车上常用圆柱形，如图 3-28 所示。

图 3-28　圆弹簧

圆弹簧在受载时，高度发生变化，弹簧丝产生扭转变形。在正常受载下，不允许发生簧圈相互接触的“压死”现象。

有些机车（SS_3、SS_4 改）上采用圆弹簧，为了增加弹簧的刚度，将不同外径的圆弹簧套在一起，组成双圈或三圈的“圆弹簧组”。这种情况下，必须保证相邻两圆簧的旋向相反（一个左旋，一个右旋），以防止由于振动而使小簧嵌入大簧中。

圆弹簧结构简单、质量轻、体积小、制造修理容易、成本低、灵敏性好、静挠度大。但是圆弹簧几乎无吸振能力，振动衰减慢。因此，电力机车上采用圆弹簧做悬挂装置时，一般要和减振器配合使用。

2. 橡胶弹簧

橡胶弹簧在电力机车的一、二系悬挂中使用是十分普遍的，如图 3-29 所示。

图 3-29　橡胶弹簧

橡胶弹簧在受载时既有压缩变形也有剪切变形，但不宜受拉伸作用。橡胶弹簧变形时，内部产生摩擦阻尼，这个摩擦阻尼是一个变量，会随着变形的速度增大而增大。

橡胶弹簧具有良好的减振性能，吸收高频振动能力强、灵敏性好、质量轻（密度为钢的 1/6）、形体小、不会突然折断、运行中无须经常检查。但橡胶弹簧的强度较小，制造工艺复杂，并且橡胶的性能受温度影响大，高温易老化，低温易变脆。

3.5.2 油压减振器

油压减振器是一个液压系统，在减振器拉伸和压缩时，液压油通过节流阀（类似活塞上的小孔）产生阻尼力并利用液体黏滞阻力吸收能量，将机车振动冲击的机械能通过黏滞阻尼形式转变为热量后散发掉，从而达到衰减振动的目的。

油压减振器实际上是一个充满油液的密封油缸，如图 3-30 所示，缸内活塞把油缸分成 A、B 两个油腔。在活塞中部开设节流孔，在油缸底部设有底阀，与位于油缸体外的储油筒 C 腔相通。将油缸和活塞分别固定在可能有相对位移的两部件之上，当两部件出现相对运动时，活塞与油缸产生相对位移。

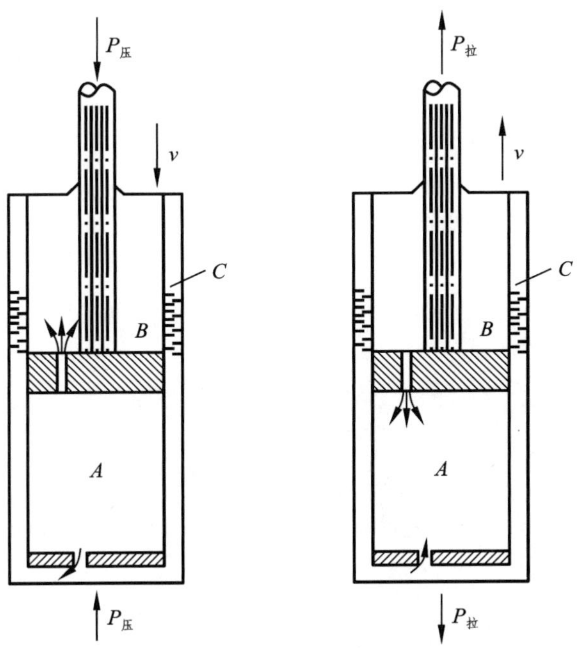

图 3-30 压缩行程和拉伸行程示意图

压缩时，因活塞杆占据了一定的容积，*B* 腔容积的增大量小于 *A* 腔容积的减小量，所以 *A* 腔的油除经节流孔流入 *B* 腔外，还有相当于活塞杆体积的一部分油通过底阀被压进储油筒的 *C* 腔。当拉伸时，*B* 腔容积的减小量小于 *A* 腔容积的增大量，所以除 *B* 腔的油经节流孔流入 *A* 腔外，还从储油筒的 *C* 腔通过底阀向 *A* 腔补充一定数量的油。无论活塞下移（压缩行程）还是上移（拉伸行程），油液都要经节流孔和底阀流动，利用油液的黏滞性形成的阻尼来有效地吸收冲击振动能量，油液流动的阻力称为减振器的阻尼。凡影响油液流动阻力的因素，都将影响到减振性能。

（1）活塞运动速度：速度越大、阻力越大；速度越小，阻力越小。当振动强时（频率高、振幅大），活塞速度大，阻力也大。反之，振动弱时，阻力也小。

（2）节流孔大小：孔径越大，阻力越小；孔径越小，阻力越大。活塞中部装有心阀，可通过人为调整节流孔大小来调整减振器的阻尼值。

（3）油液黏度：黏度越大，阻力越大；黏度越小，阻力越小。选用黏度合适的油液对减振器的性能有重要意义，通常采用混合油（变压器油和透平油各占 50%）或仪表油。

所以，油压减振器的减振性能与振动的强烈程度成正比。机车的一系悬挂通常为圆弹簧和油压减振器的组合，这样既保证了低速时弹簧的灵敏性，又能在高速时充分发挥减振器的减振作用。

3.5.3 SS_4改型电力机车一系悬挂

机车在运行时，由于受线路不平顺、钢轨接缝以及轮对踏面磨耗不均匀等诸多因素的影响，轮对均会受到来自线路的冲击，激起机车振动。如果构架与轴箱直接连接，则轮对所受的冲击会直接通过轴箱传至构架、车体，使构架受力恶化引起裂纹、变形和导致走行部各种紧固件松动，从而降低车体内各种电气设备的工作可靠性。同时，刚性冲击对线路也具有极大的破坏作用。为缓和钢轨对机车的冲击振动、改善簧上零部件的工作条件和乘务人员的舒适度，在转向架内设计了由螺旋圆弹簧和油压减振器构成的一系悬挂装置（又称轴箱悬挂装置），由其提供各向刚度和阻尼，在实现转向架牵引与制动功能的同时，能将构架以上的垂向载荷均匀分配到各个轮对上，使轴重保持均衡，提高机车的安全运行品质。

SS_4改型电力机车每台转向架有四组完全相同的轴箱独立悬挂装置。每个悬挂装置由两组完全相同的弹簧组、上下压盖及一个上座和一个垂向液压减振器等组成，具有结构简单、维修方便，能克服上下压盖歪斜，无磨耗和调簧容易等特点。SS_4改型电力机车轴箱悬挂装置如图 3-31 所示。

图 3-31　SS_4改型电力机车轴箱悬挂装置

1. 弹　簧

一系圆弹簧，也称轴箱弹簧，用来缓和来自线路的对簧上重量和轴箱轴承的冲击，减弱和吸收来自轮对的高频振动，是关系到机车运行品质和安全的重要部件，对机车转向架的各项动力学性能起关键作用。

每个轴箱设置两个弹簧组，每个弹簧组有内中外 3 个弹簧，除中间弹簧左旋外，其余内外两个弹簧均为右旋弹簧，材料为 $60Si_2Mn$ 或 $55Si_2Mn$。为了使内、中、外弹簧组合后受力均匀，应对其进行选配，使它们在各自工作负荷下内、中、外单个弹簧高度差 ≤3 mm，然后配成弹簧组，并对配成组的弹簧组进行工作负荷下的工作高度测定，做好记录，在弹簧组上做好标记，以便机车调簧之用。

2. 弹簧附属部件

弹簧附属部件包括上下压盖、上座、定位销等部件。弹簧组依靠上下压盖、弹簧座定位组装。

3. 垂向油压减振器

SS_4 改型电力机车转向架采用独立悬挂方式的螺旋弹簧组，单纯应用螺旋弹簧组时振动太大，会加重机车各零件的磨损和疲劳损坏。弹簧配合减振器可以达到既衰减振动，又能保持弹簧装置正常工作的目的。

一系悬挂采用设置在构架和轮对轴箱之间的垂向油压减振器，一端固定在构架的减振器座上，另一端固定在减振器下座上。

电力机车悬挂装置动画扫码观看

3.5.4 HXD_3 型电力机车一系悬挂

HXD_3 型电力机车每台转向架的轴箱悬挂装置总体布置由 6 组 4 种基本结构相同的轴箱装配组成，所不同的是：轴箱（一）装有接地装置和垂向减振器；轴箱（二）装有接地装置；轴箱（三）装有速度传感器和垂向减振器；轴箱（四）装有速度传感器，如图 3-32 所示。轴箱通过单拉杆与转向架构架弹性相连，把机车簧上部分的重量传递给轮对，同时将来自轮对的牵引力、制动力、横向力等传递到构架上。

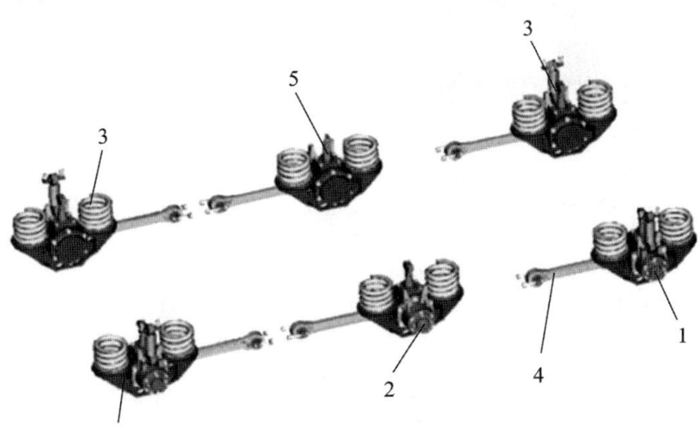

1—轴箱（一）；2—轴箱（二）；3—轴箱（三）；4—轴箱拉杆；5—轴箱（四）。

图 3-32　HXD_3 型电力机车轴箱悬挂装置

以轴箱（三）为例，一系悬挂装置包括轴箱弹簧、垂向油压减振器、螺栓、螺母、弹垫、销、减振垫、上下调整垫等，如图 3-33 所示。

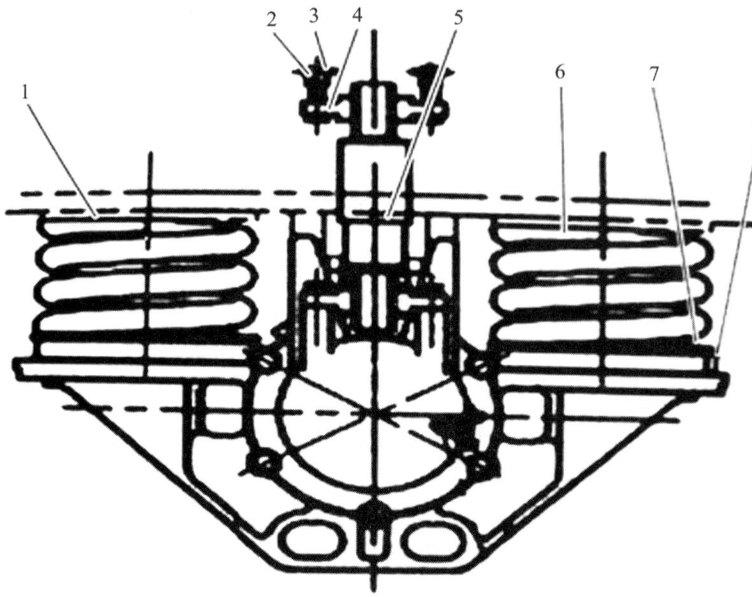

1—调整垫（上）；2—螺母 M16+弹垫 16；3—销 4×30；4—螺栓 M16×80；5—垂向油压减振器；6—轴箱弹簧；7—减振垫；8—调整垫（下）。

图 3-33 HXD$_3$ 型机车轴箱一系悬挂装置组成（轴箱三）

3.5.5 弹簧调整

弹簧调整（包括一系、二系悬挂）的主要目的是：调整机车的轴重，通过调整车体支承重量的分配和转向架弹簧的受力情况，使车体、转向架保持水平状态，并让各轴轴重符合规定要求，以保证机车安全运行并发挥最大牵引力。

弹簧调整是一个相当复杂的问题，调整时，必须仔细地进行测量，冷静地进行分析，准确地进行判断，抓住主要的影响因素，针对性地进行调整。在弹簧下面加减垫块，是弹簧调整的有效方法。

对于个别过硬或过软的弹簧以及损坏的弹簧，必须进行更换。

任务考核

1. 何为主悬挂和次悬挂？分别安设的位置在哪里？
2. 圆弹簧和橡胶弹簧各自有何特点？
3. 简述 SS$_4$ 改和 HXD$_3$ 型电力机车的轴箱悬挂装置组成。

巩固练习

1.【单选题】轴箱与（　　）的连接方式，通称为轴箱定位。

A. 转向架构架　　B. 车轴

C. 传动装置　　　　　　　D. 牵引电机

2.【多选题】八字形橡胶堆式轴箱定位具有（　　）特点。

A. 重量轻

B. 结构简单

C. 能吸收音频振动，运行中无噪声

D. 性能不够稳定、受温度影响大

3.【多选题】针对普通转向架，对轴箱定位的要求有（　　）。

A. 轴箱能够相对于转向架构架在机车运行中作垂向跳动

B. 轴箱应当能够相对于转向架构架作小量的横动

C. 纵向要求有较小的刚度，保证轴箱和构架有纵向位移

D. 纵向则要求有较大的刚度

4.【判断题】轴箱定位起到了固定轴距和限制轮对活动范围的作用（　）。

5.【判断题】轴箱定位，就是固定轴箱的位置（　）。

6.【判断题】现代电力机车广泛采用导框式轴箱定位（　）。

7.【判断题】转臂式轴箱定位也称为弹性铰定位（　）。

任务 3.6　认识齿轮传动装置

认识齿轮传动装置微课视频扫码观看

任务描述

牵引电动机输出的功率和转矩，必须传递到机车的轮轴上，才能发挥其牵引作用。传动装置就是实现电机到轮轴间功率、转矩传递的装置。

齿轮传动几乎是现代电力机车传动装置的唯一形式。

任务目标

1. 掌握齿轮传动的类型和特点。
2. 熟悉 SS_4 改型电力机车传动装置的结构组成。
3. 熟悉 HXD_3 型电力机车传动装置的结构组成。

任务实施

3.6.1　齿轮传动的类型

1. 类型

（1）齿轮传动可分为单侧齿轮传动和双侧齿轮传动。单侧齿轮传动又叫单边齿轮传

动，双侧齿轮传动又叫双边齿轮传动，如图 3-34 所示。

电力机车传动装置动画扫码观看

单侧齿轮传动的优点是牵引电动机的轴向尺寸可以加大，结构也较简单，制造成本低；缺点是传动时轮对受到偏于一侧的驱动力，左右轮子的受力不同。双侧齿轮传动的优点是轮对受力均衡，左右轮子同时受到相同的驱动力，有利于提高运行品质；缺点是牵引电动机的轴向尺寸受到限制，结构复杂，制造成本增加。

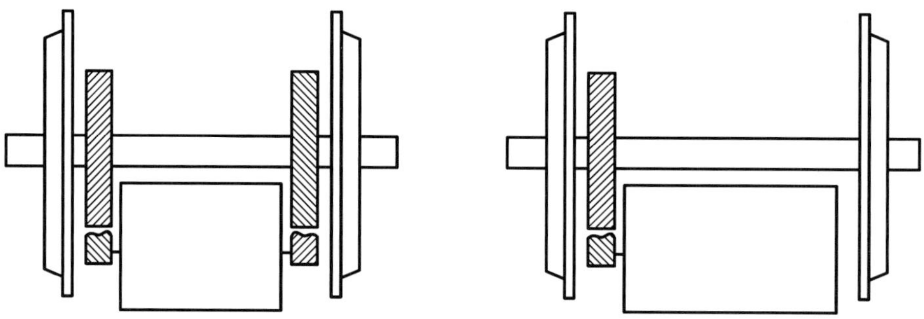

图 3-34　齿轮传动示意图

（2）根据齿轮种类不同，可分为斜齿圆柱齿轮和直齿圆柱齿轮传动。单侧齿轮传动，一般用直齿轮，不用斜齿轮；双侧齿轮传动，一般用斜齿轮，不用直齿轮，而且双侧齿轮的齿斜相反。这是因为直齿轮在啮合传动时，其合力作用在齿轮的切向；斜齿轮在啮合传动时，其啮合力是垂直于齿斜方向的，不仅有切向分力，而且有较大的轴向分力，如图 3-35 所示。

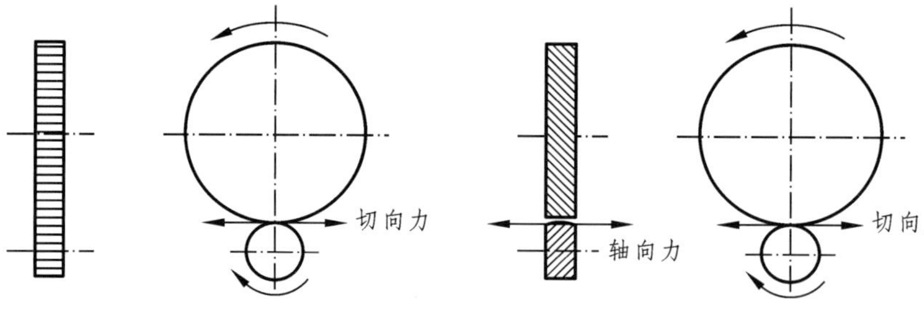

图 3-35　直齿和斜齿圆柱齿轮啮合力情况

单侧齿轮传动如果采用斜齿轮，其轴向力将可能引起轮对贴靠一侧钢轨运行；双侧齿轮传动如果用直齿轮，在轮对组装时必须保证双侧大小齿轮形对应的精确性。否则必然引起齿轮不能同时啮合或双侧齿轮啮合力不等的问题。采用斜齿轮，而且双侧齿轮旋向相反，则轴向力也相反，齿轮安装的误差，可由轴向力差值引起的轮对微小横动来纠正，保证了双侧齿轮传动转矩的均匀性。

（3）根据大齿轮轮心的结构，可分为弹性齿轮传动和刚性齿轮传动。大齿轮分为齿圈和齿轮心两部分，互相用弹簧或橡胶弹性地组装在一起，则为弹性齿轮传动：大齿轮心如果制成刚性结构，则为刚性齿轮传动。至于小齿轮，一般都是刚性的。

弹性齿轮传动的优点是：改善了沿齿宽方向的应力分布；缓和来自钢轨的冲击，合力的传递比较柔和；改善了牵引电动机的工作条件。其缺点是增加了齿轮结构的复杂性和制造成本。

刚性齿轮传动的优点是：结构简单，制造维修成本低。缺点是啮合条件差，齿轮磨损大，传动冲击大，对牵引电动机不利。

2. 传动比

传动比是从动齿轮齿数与主动齿轮齿数之比。由于牵引电动机转速高，轮对的转速低，所以在电力机车上都是减速齿轮传动。减速齿轮传动，既可保持牵引电动机在高效率的转速范围内工作，又可以加大轮对的转矩，使机车在相同速度下充分发挥牵引力。因小齿轮强度、最小齿数及机车车辆限界对大齿轮的限制，一般电力机车齿轮传动比小于 5。

SS_4 改型电力机车齿轮传动比为 88/21；HXD_3 型电力机车齿轮传动比为 101/21。客运机车 SS_9 型电力机车齿轮传动比为 77/31，HXD_3D 型电力机车齿轮传动比为 98/26。

可以发现，一般高速客运电力机车的传动比取值偏低，货运电力机车传动比取值偏高。

3.6.2 SS_4 改型电力机车齿轮传动装置

SS_4 改型电力机车齿轮传动装置采用双边刚性斜齿轮传动，包括大齿轮（从动齿轮）、小齿轮（主动齿轮）和齿轮箱。它的作用是将牵引电动机产生的转矩通过大小齿轮啮合传递给轮对，产生牵引力或制动力（电气制动工况）。

1. 小齿轮

小齿轮安装在牵引电动机电枢轴两端。为了便于拆装和防止电机轴拉伤，电机轴和小齿轮内孔用 1∶10 的锥度通过过盈配合连接在一起。拆卸小齿轮时将专用油泵油嘴旋入电机轴端面带有大倒角的螺孔内，用螺栓加挡板挡住小齿轮，以免小齿轮脱开时碰伤或发生伤人事故，然后压动油泵便可把小齿轮自动退下。

2. 大齿轮

大齿轮由齿圈和齿轮心组装而成。齿轮心材质为 ZG230-450 铸钢件。齿圈和齿轮心为过盈紧配合，其过盈量为 0.8 ~ 0.9 mm。在装配时，应注意两者配合面的锥度必须同向，齿圈和齿轮心组装时，把齿圈加热至 200 °C，套在齿轮心上，然后再加工，滚齿、倒角，中频表面淬火、磨齿、检查。大齿轮与轮心轮毂组装为过盈紧配合，在冷态下压装到轮毂上，压装过盈量为 0.37 ~ 0.40 mm，压力值为 500 ~ 800 kN。

3. 齿轮箱

为了对齿轮进行润滑以及防止尘土、砂石等污物对齿轮的侵袭，将大小齿轮密闭在齿轮箱内。齿轮箱结构如图 3-36 所示。

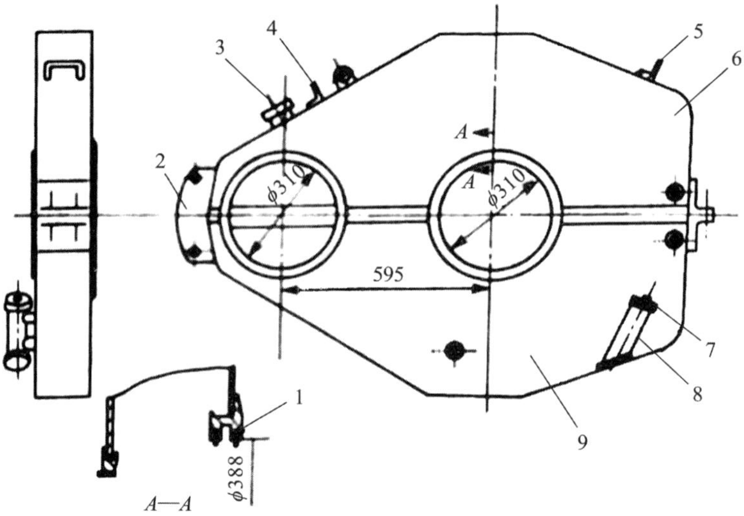

1—毛毡；2—连接座；3—排气孔；4—手把；5—手把；6—上半部；7—油尺；8—油嘴；9—下半部。

图 3-36　SS_4 改型电力机车齿轮箱

齿轮箱由上箱和下箱组成。箱体均为低碳钢焊接结构，侧板厚为 5 mm，盖板厚为 3 mm。为了使齿轮副在工作时箱体内压力和外部大气压力相平衡，在齿轮箱上箱盖板上焊装手把形状的气管两个，同时该件还可用于吊装齿轮箱体，在下箱底部和内侧部安装有螺堵和验油阀，旋开下部放油螺堵可放油；验油阀上部设置可以开启的密封性能良好的阀盖，打开阀盖可观察油位和加润滑油。

为了防止上下箱合口处漏油，在上箱侧板四周焊装内外挡板，在大领圈处焊装两个挡油槽。上下箱组装前在内外挡板中间加聚氨酯密封垫和 NJYA-2 聚氨酯胶粘剂。齿轮箱两个 ϕ310 mm 和一个 ϕ389 mm 孔为上下箱组装后整体加工而成的，以防上下两半圆形领圈错位，引起漏油。两个 ϕ310 mm 的孔与电机外壳组装时用橡胶圈进行密封，ϕ389 mm 孔与大齿轮轮毂相配合处用聚氨酯毛毡条进行密封，这种材料黏结性能好、耐油，固化后具有较好的弹性，耐磨，抗老化性能好，并具有一定的抗拉强度，可防箱体外的水、灰尘等污物进入箱体内。上下箱组合成整体时用四根 M20 × 75 mm 的螺栓固定在电机端部外壳上，使两者之间固定连接，不产生相对位移。

3.6.3　HXD_3 型电力机车齿轮传动装置

HXD_3 型电力机车驱动单元采用单侧刚性斜齿传动结构，将牵引电机的转矩通过大小齿轮啮合传递给轮对，产生牵引力或制动力（电气制动工况），主要包括滚动抱轴箱装配、齿轮箱、主从动齿轮等部分。

从动大齿轮由合金钢锻压成型后整体加工。

齿轮箱分为上、下箱体和小齿轮拆卸压盖，均为球墨铸铁整体铸造加工而成，材料为 EN-GJS-500-7U，如图 3-37 所示。为了保证机车安全运用和快速救援，齿轮箱设有小齿轮拆卸装置。当电机发生故障机车无法正常运行时，可以通过小齿轮拆卸压盖用手动油压泵把小齿轮拆卸下来，从而保证机车可以正常运行回机务段。

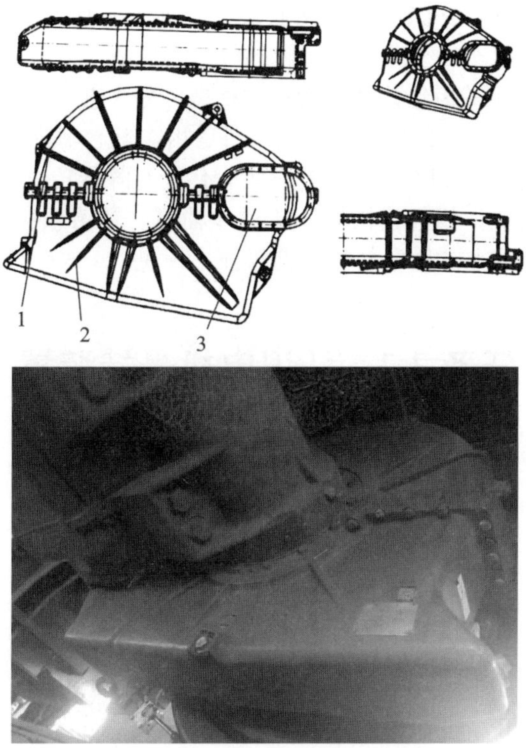

1—上箱体；2—下箱体；3—小齿轮拆卸压盖。

图 3-37　HXD$_3$ 型机车齿轮箱装配

任务考核

1. 齿轮传动装置有哪些类型？各自有什么特点？
2. 简述 SS$_4$ 改和 HXD$_3$ 型电力机车的齿轮传动装置结构组成。

巩固练习

1.【单选题】电力机车齿轮传动装置的作用是（　　）。

A. 增大转速，降低转矩

B. 增大转速，增大转矩

C. 降低转速，增大转矩

2.【单选题】电力机车齿轮传动装置的作用是（　　）。

A. 增大转速，降低转矩

B. 增大转速，增大转矩

C. 降低转速，增大转矩

3.【填空题】根据轮心上是否压装有传动大齿轮，轮心可分为（　　）轮心和（　　）轮心。

4.【填空题】SS$_4$ 改型电力机车齿轮传动装置采用（　　）传动。

5.【判断题】SS_4改型电力机车采用双边斜齿轮传动有降低转速和减小力矩的作用（　）。

6.【判断题】轮对是机车在线路上的行驶部件，由车轴、车轮及传动大齿轮组成（　）。

7.【判断题】电力机车的齿轮传动按齿轮的种类可分为直齿和斜齿锥齿轮（　）。

8.【判断题】轮对是机车在线路上的行驶部件，由车轴、车轮及传动大齿轮组成（　）。

9.【判断题】SS_4改型电力机车采用双边斜齿轮传动有降低转速和减小力矩的作用（　）。

10.【判断题】转向架一船包括构架、轮对、轴箱、轴箱悬挂装置、牵引电动机及其悬挂、齿轮传动、基础制动装置等主要组成部分（　）。

任务 3.7　认识电机悬挂装置

认识电机悬挂装置微课视频扫码观看

任务描述

电机悬挂是指牵引电动机在机车上的安装方式，大致可分为半悬挂（轴悬式）和全悬挂两种基本形式。其中，半悬挂又有刚性轴悬式和弹性轴悬式两类，全悬挂又有架悬式和体悬式两类。

为减小动作用力对电机及线路的破坏作用，电机悬挂一般都采用弹性悬挂的安装方法。电机悬挂的方式和传动装置有着密切的联系。

任务目标

1. 熟悉电机悬挂的类型和特点。
2. 熟悉 SS_4 改型电力机车电机悬挂装置的结构组成。
3. 熟悉 HXD_3 型电力机车电机悬挂装置的结构组成。

任务实施

3.7.1　电机悬挂的类型

1. 轴悬式电机悬挂

牵引电机的一端用抱轴承支承在车轴，另一端用吊杆方式弹性地支承在构架上，故称轴悬式。由于牵引电机将约一半的载荷支于车轴，属簧下重量，而另一半载荷支于构架，属簧上重量，又称半悬挂。轴悬式有刚性轴悬式和弹性轴悬式两种形式。

（1）刚性轴悬式电机悬挂。

牵引电机的一端（抱轴端）经抱轴瓦或滚动轴承刚性地支承在车轴的抱轴颈上，另一端（悬挂端）弹性地悬挂在转向架构架的横梁上，称为刚性轴悬式，如图 3-38 所示。

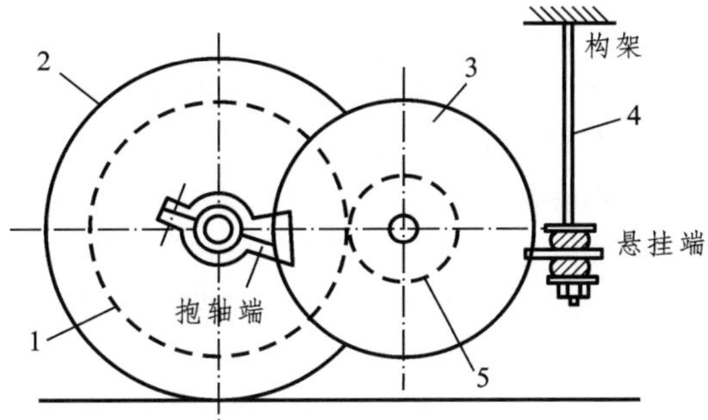

1—大齿轮；2—车轮；3—电机；4—吊杆；5—小齿轮。

图 3-38　刚性轴悬式示意图

刚性轴悬式的优点是结构简单、工作可靠、制造成本低、维修方便，可靠地解决了轮对垂向跳动时的齿轮啮合问题，被各国电力机车广泛采用。缺点是大约电机重量的一半成为簧下重量，大大地增加了动作用力对电机和线路的危害。电机轴与车轴的弹性弯曲变形引起齿轮的接触不良，出现轮齿偏磨。故轴悬式只能用在最大运行速度不超过 120 km/h 的中、低速机车上。

采用刚性轴悬式的机车，随着速度的增加，轮轨间冲击会加剧，齿轮和电机的工作条件会恶化，为缓解这样的现象，可采取两种措施：一是抱轴箱采用滚动轴承，滚动抱轴承与滑动轴承相比，轴承的径向间隙小，改善了牵引齿轮的啮合条件，延长齿轮的使用寿命，提高轴承的工作可靠性，减小了维修工作量和维修成本；二是采用弹性大齿轮，可以缓和来自线路冲击，改善牵引齿轮副的接触状况，减小牵引齿轮的磨耗，降低牵引电动机故障率。其缺点是结构复杂，制造成本高，橡胶弹性元件有一定使用期限，必须定期检查更换。

（2）弹性轴悬式电机悬挂。

牵引电机的一端（抱轴端）经抱轴承支承在车轴外面套装的空心轴上，从动大齿轮固装在空心轴的端部，空心轴的两端再通过弹性元件支承在轮心上；另一端（悬挂端）弹性地悬挂在转向架构架的横梁上。牵引电机力矩通过从动大齿轮、空心轴、弹性元件传至轮对，装在轮心上的弹性元件既要支承重量（牵引电机约一半的重量+空心轴重量+从动大齿轮重量），又要传递牵引力矩。虽然牵引电机约一半的重量还是支承在轮对上，但中间经过了弹性元件，故称为弹性轴悬式。

弹性轴悬式的优点是减轻了动作用力的危害，有利于延长电机寿命和传动齿轮的正常啮合，能提高机车粘着性能，使运行速度高。缺点是电机仍然和空心轴一起跳动，没有从根本上解决死重量大的问题，而且使传动装置结构复杂化，增大了制造维修的困难。

2. 架悬式电机悬挂

对于速度较高的客运机车，为使高速运行时轮轨垂向作用力不致过大，以免引起轨道的损坏，必须设法减轻簧下重量（通常为 2 ~ 3 t/轴），而减轻簧下重量最有效的措施就是把牵引电机固装在构架上，其重量全部支承在一系弹簧之上，称架悬式，是属于全悬挂的一种形式。

架悬式电机悬挂的牵引电机全部属于簧上重量，因而簧下重量可大大减小，有利于机车的高速运行，因线路不平顺和各种冲击所引起的轮对垂向和横向作用力不会直接传到牵引电机和齿轮，电机工作条件大为改善，故障率减小，工作寿命延长。并且机车速度越高，其优点越明显。但是必须要解决由于安设在构架的牵引电机和轮对振动规律不一致，造成大小齿轮啮合可靠性不高的问题。

以上问题导致了牵引电机输出端至轮对之间传递力矩的驱动装置结构复杂、制造成本高。架悬式可适用在最大运行速度为 140 ~ 250 km/h 的机车上。

目前常用的传动装置有轮对空心轴和电机空心轴两种。

3. 体悬式

对于最大运行速度为 200 ~ 250 km/h 的高速机车，为减轻转向架重量，以提高转向架的蛇行稳定性，进一步改善动力学性能，把牵引电机的全部或大部分固装在车体底架上，使其成为二系弹簧以上的重量，这种全悬挂方式称为体悬式，是属于全悬挂的另一种形式。

体悬式的优点是簧下重量小，转向架重量及转动惯量大为减小，因而转向架蛇行稳定性好，机车蛇行临界速度高，同时对减轻轮轨的垂向及横向动载荷也有所帮助，适用于高速机车。但是由于安设在车体的牵引电机振动规律和转向架上轮对振动规律非常不一致，牵引电机输出端与轮对之间传递力矩的驱动装置比架悬式的结构更复杂、制造成本更高。

体悬式可适用在最大运行速度为 200 ~ 250 km/h 的机车上。

3.7.2 SS_4 改型电力机车电机悬挂

SS_4 改型电力机车牵引电动机为抱轴式半悬挂（刚性轴悬式）。一端通过抱轴承刚性地支承在轴上，另一端靠电机悬挂装置吊在构架牵引梁电机悬挂座上。

1. 悬挂端

电机悬挂装置一方面能承受电机静载荷（约为电机重量的一半），另一方面能承受电机工作时产生的反力，同时在电机工作过程中，它可随电机纵向和横向自由摆动，并可缓和电机与构架间的振动。电机悬挂装置主要由防落板、销、吊杆、垫板、吊座、橡胶垫、螺母等零件组成，如图 3-39 所示。

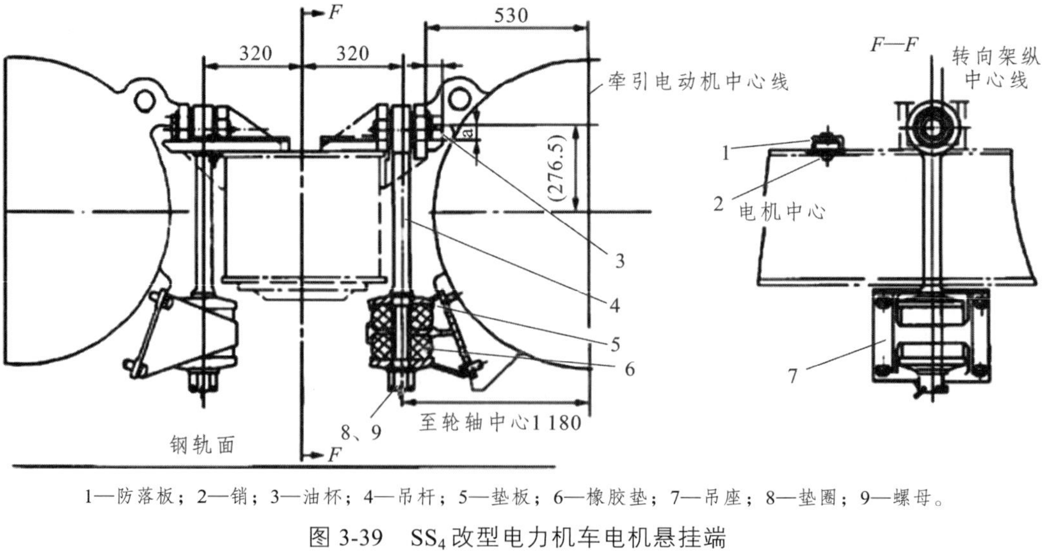

1—防落板；2—销；3—油杯；4—吊杆；5—垫板；6—橡胶垫；7—吊座；8—垫圈；9—螺母。

图 3-39 SS_4 改型电力机车电机悬挂端

吊座为 ZG230-450 铸钢件，用 5 个 M24 × 55 mm 的螺栓紧固在牵引电机下方的槽形安装座上。吊座上下圆盘内安放两个橡胶垫，在橡胶垫上下安放垫板。然后插入电机吊杆，在吊杆下部用 M52 × 3 mm 的花螺母紧固，使橡胶垫有 30 kN 的预压力，然后插入 10 × 100 mm 的开口销，以防螺母脱落，吊杆上部内装关节球轴承，用销与构架上的电机悬挂吊座相连，为防止销蹿动，用卡板固定。

组装完电机悬挂装置后，在吊杆销套和球轴承间注入润滑油脂，落车后还要检查防落板上平面与牵引电机外壳吊耳下平面的垂向间隙是否≥20 mm，防落板端部与电机外壳间隙是否≥10 mm，且与吊耳的纵向搭接量是否≥20 mm。

2. 抱轴端

抱轴箱通过左、右两个抱轴承刚性地支承在车辆两端的抱轴颈上，如图 3-40 所示。

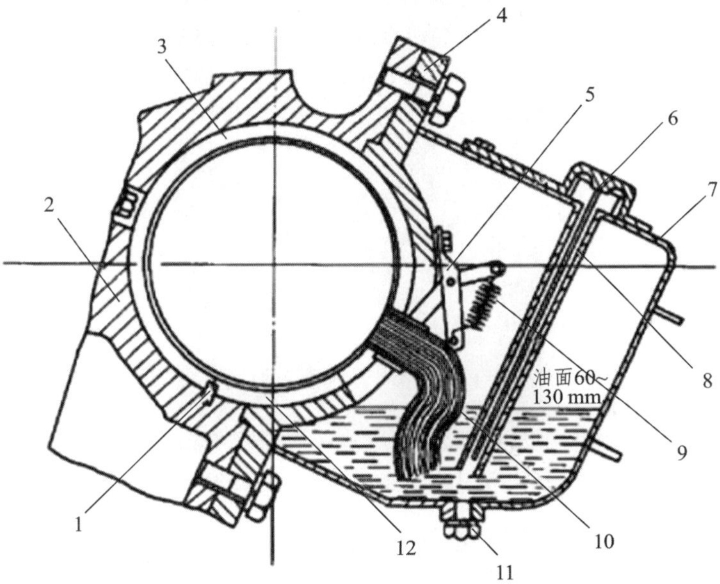

1—键；2—电机；3—上瓦；4—下瓦体；5—集油器；6—油尺；7—油箱；8—加油管；9—弹簧；10—毛刷；11—排油堵；12—下瓦。

图 3-40　SS_4 改型电力机车电机抱轴承及润滑装置

抱轴承为剖分式，采用滑动轴承，每个半瓦由铜瓦背和巴氏合金组成（约为 3 mm 厚）。在每副抱轴承下轴瓦及油箱底座开有方孔，集油器毛刷上的毛线可以穿过方孔压在抱轴颈上，以便对轴承进行润滑。油箱内储存有润滑油，油箱盖上有油尺，用它检查存油量的多少。润滑油靠毛细管作用被毛线吸上去，润滑轴颈表面。为了保证毛线贴靠车轴轴颈，装设了集油器，利用杠杆机构将其压紧。润滑油在润滑轴颈后，仍然流回油室内。在油箱底部设有排油堵，可定期排出污油，更换新油。

为了保证瓦面有一定量的油膜，不至于产生热轴或烧损巴氏合金，保证齿轮的正常啮合，轴瓦与车轴轴颈间隙要求在 0.25 ~ 0.4 mm。随着机车运行，轴瓦逐渐磨耗，间隙也越来越大，当轴瓦间隙>1 mm 时，必须重新挂合金或换瓦。

3.7.3　HXD_3型机车电机悬挂

HXD_3型机车电机悬挂采用滚动抱轴式半悬挂。即牵引电机一端通过抱轴箱刚性地支承在车轴上，另一端通过电机吊杆弹性地悬挂在构架的横梁和后端梁上。

1. 悬挂端

电机吊杆采用两端都带有橡胶关节的 42CrMo 锻钢零件。该悬挂装置一方面能承受电机静载荷（约为电机重量的一半），另一方面能承受电机工作时产生的反力，同时在电机工作过程中，可随电机做纵向或横向自由摆动，另外，通过弹性环节（橡胶关节）可衰减电机传给构架的振动，如图 3-41 所示。

图 3-41　HXD_3型电力机车牵引电机悬挂端

注意：在机车检修时，应当注意电机吊杆螺栓的紧固力矩，一定要按规定的力矩紧固。运用中也要经常检查确认该螺栓是否有松缓的现象。

2. 抱轴端

抱轴箱组装为一独立的部件，牵引电机机座通过 8 个 M36 × 120 螺栓与其相连。它主要由抱轴箱体、前挡环、前油封、轴承座、调整垫、圆锥滚子轴承、后挡环、后油封等零部件组成，其中圆锥滚子轴承有 2 套，其外径为 360 mm，内径一套为 240 mm，另一套为 241 mm，外圈宽度为 57 mm，内圈宽度为 76 mm。因为圆锥滚子轴承具有良好的定位性能，从而能较好地保证从动齿轮的组装精度，不仅使机车牵引齿轮传动更加平稳可靠，同时也大大提高了从动齿轮的使用寿命，如图 3-42 所示。

抱轴箱组装时，圆锥滚子轴承内圈、前挡环、后挡环都须热套于车轴上规定的位置，其加热温度不得大于 150°C。M12 × 85 的内六角螺栓在组装前应先在其直径 4 mm 孔内装上尼龙条，以防止在机车运用过程中螺栓出现松动现象。组装时应在圆锥滚子轴承室内填充铁道Ⅲ号锂基脂，填充量为圆锥滚子轴承室内总容量的 1/3 ~ 1/2。组装后，通过调整调整垫来保证抱轴箱体的横动量。

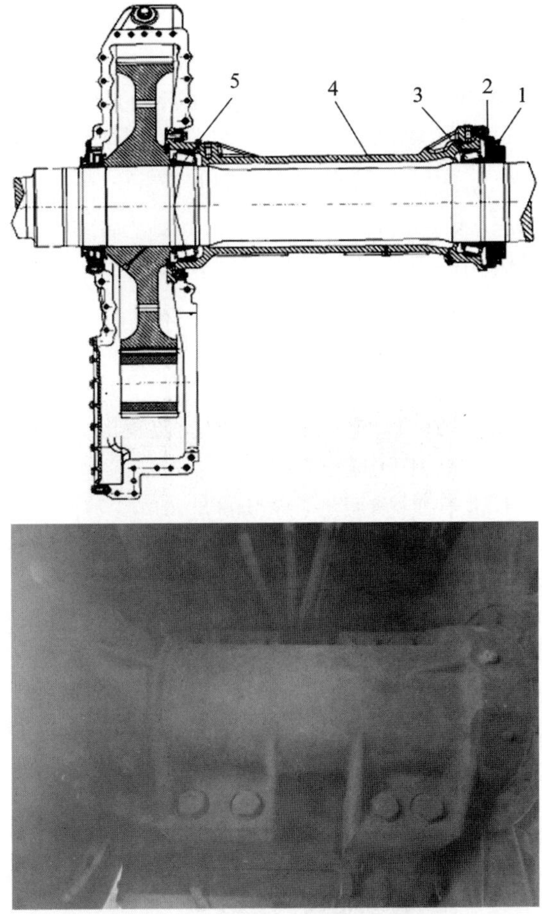

1，2—迷宫环和盖；3，5—圆锥滚子轴承；4—抱轴箱体。

图 3-42　HXD$_3$ 型机车牵引电机抱轴端

任务考核

1. 电机悬挂装置有哪些类型？各自有什么特点？
2. 简述 SS$_4$ 改和 HXD$_3$ 型电力机车的电机悬挂装置结构组成。

巩固练习

1.【单选题】SS$_4$ 改型电力机车牵引电机悬挂端悬挂在（　　）上。

A. 车体底架　　B. 转向架构架牵引梁　　C. 车体底架牵引梁

2.【单选题】HXD$_3$ 型电力机车的电机悬挂方式为（　　）。

A. 轴悬式　　B. 体悬式　　C. 架悬式

3.【单选题】SS$_4$ 改电机电枢轴与小齿轮的配合是（　　）。

A. 过盈配合　　B. 过渡配合　　C. 间隙配合

4.【单选题】电力机车齿轮传动装置的作用是（　　）。

A. 增大转速，降低转矩　　B. 增大转速，增大转矩

C. 降低转速，增大转矩

5.【单选题】在轴瓦内表面浇铸一层巴氏合金的目的是（　　）。

A. 防锈　　B. 提高轴瓦的耐磨性　　C. 润滑配合的轴

6.【单选题】SS_4 改机车的轴瓦与抱轴颈径向间隙超过（　　）时禁用。

A. 1 mm　　B. 1.5 mm　　C. 2 mm

7.【单选题】SS_4 改机车的电机轴和小齿轮内孔用（　　）的锥度连接在一起。

A. 1∶10　　B. 1∶20　　C. 1∶40

8.【单选题】轮对空心轴弹性驱动装置应用在（　　）电机悬挂。

A. 轴悬式　　B. 架悬式　　C. 体悬式

9.【单选题】以下不属于 HXD_3 电机悬挂端悬挂位置的是（　　）。

A. 前端梁　　B. 中间横梁　　C. 后端梁

10.【单选题】以下不属于弹性轴悬式特点的是（　　）

A. 传动装置结构复杂，成本高　　B. 减轻了动作用力的危害

C. 减轻了簧下重量

任务 3.8　认识基础制动装置

认识基础制动装置微课视频扫码观看

任务描述

基础制动装置也称制动传动装置。是制动系统的执行部件。把充入制动缸的压缩空气在活塞上产生的推动力增大若干倍以后均匀地传给各个闸瓦或闸片，使之压紧车轮踏面或制动盘从而产生制动作用。

任务目标

1. 熟悉基础制动装置的类型和特点。
2. 熟悉 SS_4 改型电力机车基础制动装置的结构组成。
3. 熟悉 HXD_3 型电力机车基础制动装置的结构组成。

任务实施

3.8.1　基础制动装置的类型

基础制动装置按摩擦副的种类不同可以分为闸瓦制动和盘型制动两大类。

1. 闸瓦制动

闸瓦制动是铁路机车车辆采用的最普遍的制动方式。其原理为：用铸铁、树脂合成或其他材料制成的瓦状制动块，在制动时抱紧车轮踏面，通过制动块和车轮踏面摩擦使车轮停止转动，如图 3-43 所示。

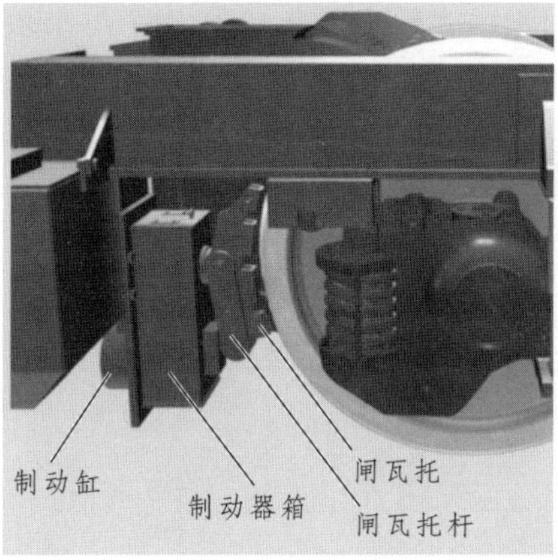

图 3-43　闸瓦制动

闸瓦制动按闸瓦的布置情况不同还可细分为单侧闸瓦制动和双侧闸瓦制动两类，如图 3-44 所示。

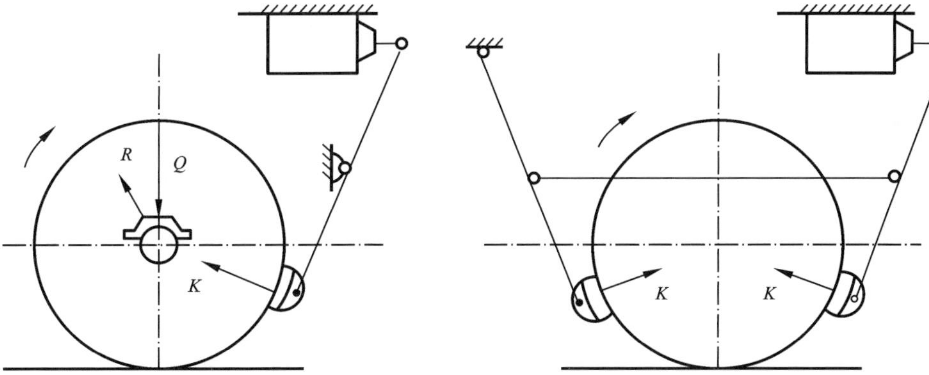

图 3-44　单侧、双侧闸瓦制动

单侧闸瓦制动只在车轮一侧设有闸瓦。特点是闸瓦单位面积承受的压力过大，容易造成闸瓦熔化，加速闸瓦磨耗，使制动力衰减；双侧闸瓦制动在车轮两侧均设有闸瓦。特点是制动力大，闸瓦单位面积承受压力较小。可降低闸瓦与踏面温度，减少闸瓦磨耗量。

采用闸瓦制动，在制动过程中，制动装置要将巨大的动能转变为热能消散于大气之中。而这种制动效果的好坏，主要取决于摩擦热能的消散能力。使用这种制动方式时，闸瓦摩擦面积小，大部分热负荷由车轮来承担。列车速度越高，制动时车轮的热负荷也越大。如用铸铁闸瓦，温度高可使闸瓦熔化，即使采用先进的合成闸瓦，温度也会高达 400 ~ 450 ℃。当车轮踏面温度增高到一定程度时，就会使车轮踏面磨耗、裂纹或剥离，既影响车轮使用寿命也影响行车安全。

可见，传统的踏面闸瓦制动已适应不了高速机车的需要，需要一种新型的制动装置以满足需求。

2. 盘型制动

盘型制动的原理为：在车轴上（轴盘式）或在车轮辐板侧面（轮盘式）安装制动盘，制动时由制动钳将以合成材料或者粉末冶金制成的两个制动闸片压紧制动盘摩擦面，通过制动闸片和制动盘之间的摩擦产生制动力，使列车停止前进。如图 3-45 所示。

图 3-45　盘型制动

由于摩擦作用力不在车轮踏面上，盘形制动可以大大减轻车轮踏面的热负荷和机械磨耗。此外还有制动平稳，噪声小，盘形制动的摩擦面积大且可以根据需要安装若干套，使制动效果明显高于踏面制动等优点，尤其适用于速度 120 km/h 以上的列车，这些正是各国普遍采用盘形制动的原因所在。但不足的是由于车轮踏面没有闸瓦的磨刮，将使轮轨黏着恶化，让车轮踏面不圆度也会增加；制动盘会使簧下重量及冲击振动增大，运行中消耗牵引功率。因此，现代高速机车或动车组更多采用的是盘形制动，并辅以踏面清扫装置，以提高车轮踏面的表面粗糙度，提高轮轨间的黏着系数，进而提高轮轨黏着力。

3.8.2　SS_4改型机车基础制动装置

SS_4改型电力机车基础制动装置为独立箱式单元制动器。是以制动器箱体为基础，将制动缸、制动传动装置和闸瓦间隙调整装置安装于箱体内部，闸瓦装置安装于箱体外侧的一种基础制动装置，又称为单缸制动器，其结构如图 3-46 所示。主要由箱体、制动缸、制动杠杆、闸瓦间隙调整器和闸瓦装置等组成。

当制动缸充气时，活塞带动活塞杆左移（活塞同时压缩了圆锥缓解弹簧），推制动杠杆下端并以上螺销为支点向左摆动，制动杠杆带动与它相连的滑套，使传动螺母与传动螺杆推动闸瓦托，使闸瓦压在车轮踏面上实现制动作用。当制动缸排气时，活塞和活塞杆在缓解弹簧的推动下，使上述各传动零件做反方向运动，闸瓦即离开踏面从而缓解。

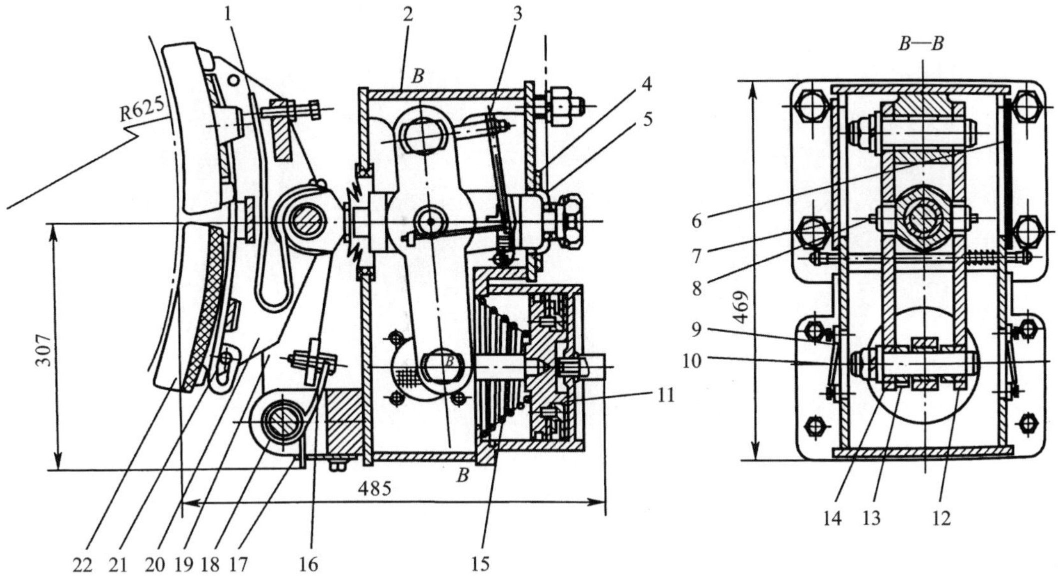

1—闸瓦定位弹簧；2—箱体；3—棘钩；4—压环；5—密封套；6—门组装（左）；7—门组装（右）；8—油杯；9—护罩；10—滤尘网；11—制动缸；12—杠杆；13—隔套；14—杠杆；15—圆锥弹簧；16—扭簧卡；17—扭簧止板；18—扭转弹簧；19—闸瓦托杆；20—闸瓦托；21—闸瓦签；22—闸瓦。

图 3-46　SS_4 改型机车基础制动装置

3.8.3　HXD_3 型机车基础制动装置

HXD_3 型电力机车基础制动装置采用的是轮盘制动方式，每个车轮安装一套独立的单元制动器，其中每个转向架装还装有两套带有弹簧停车储能制动的单元制动器，安装在第一和第六轴车轮上，如图 3-47 所示。

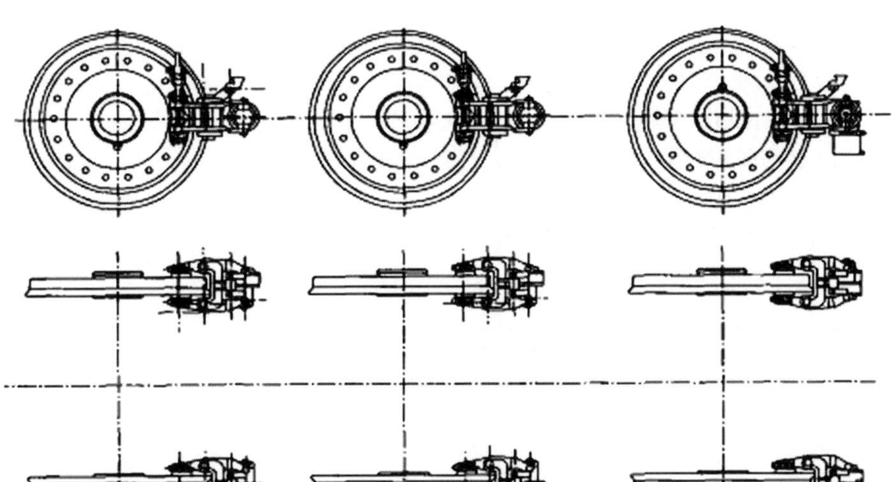

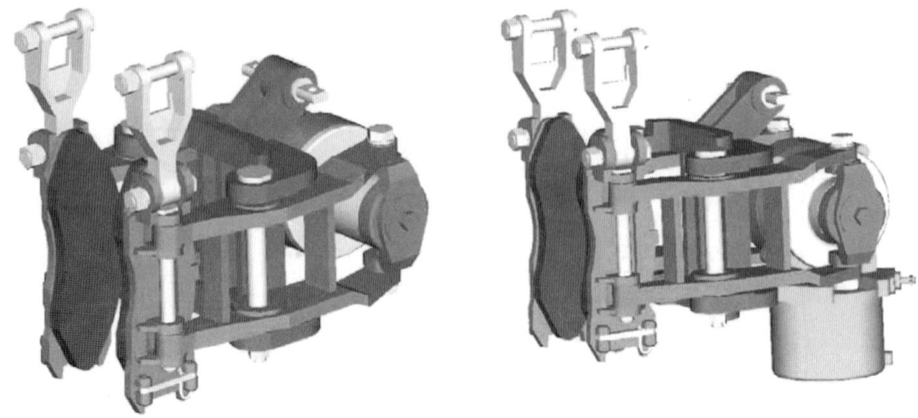

（a）常用单元制动缸　　（b）带停放单元制动缸

图 3-47　HXD_3 机车基础制动装置

当机车制动时，制动单元获得压缩空气，通过制动缸活塞推动卡钳，通过闸片将压力作用到安装在车轮辐板的摩擦盘上，使闸片与摩擦盘间产生摩擦，消耗功率，将动能转变为热能散发掉，从而使机车减速或停车。

任务考核

1. 踏面制动和盘型制动各自有什么特点？
2. 简述 SS_4 改和 HXD_3 型电力机车的基础制动装置结构组成。

巩固练习

1.【单选题】制动盘装在车轮上的叫（　　）盘形制动基础制动装置。

A. 轮盘式　　B. 轴盘式　　C. 摩擦式

2.【单选题】制动盘装在车轴上的叫（　　）盘形制动基础制动装置。

A. 轮盘式　　B. 轴盘式　　C. 摩擦式

3.【单选题】HXD_3 型电力机车基础制动装置采用（　　）。

A. 踏面制动　　B. 轴盘制动　　C. 轮盘制动　　D. 电阻制动

4.【单选题】现代高速列车大多采用（　　）制动。

A. 单侧闸瓦　　B. 双侧闸瓦　　C. 盘形　　D. 电阻制动

5.【判断题】转向架一船包括构架、轮对、轴箱、轴箱悬挂装置、牵引电动机及其悬挂、齿轮传动、基础制动装置等主要组成部分（　）。

项目4 电力机车车体转向架连接装置认知

项目简介

车体和转向架的连接装置作为车体和转向架之间的连接纽带，在传力、安定、均重等方面起着至关重要的作用。

本项目主要介绍电力机车车体和转向架连接装置的作用、类型和具体结构组成等知识。

项目教学目标

✓ **知识目标**

1. 掌握车体与转向架连装置的作用。
2. 掌握车体与转向架连接装置的类型。
3. 熟悉 SS_4 改型和 HXD_3 型机车车体与转向架连接装置的结构组成。

✓ **技能目标**

1. 能够对照实物说出车体和转向架连接装置中各部件的名称和作用。
2. 能够对车体转向架的连接装置进行日常检查。

✓ **素质目标**

1. 培养学生的质量意识、环保意识和安全意识。
2. 培养学生的集体意识和团队合作精神。

课时建议

6 课时。

任务 4.1 认识车体和转向架连接装置的类型

认识车体和转向架连接装置微课视频扫码观看

任务描述

车体与转向架的连接装置，既是承载装置，又是牵引装置，同时还起到车体与转向架之间活动关节和缓和冲击振动的作用。

任务目标

1. 理解车体与转向架支承装置的作用。
2. 理解车体与转向架支承装置的类型。

任务实施

4.1.1　车体和转向架连接装置的作用

1. 传力

传递垂向力、纵向力和横向力。

2. 均重

通过旁承的合理布置保证转向架载荷均等，轴重均匀分配。

3. 改善机车动力学性能

改善机车在振动、曲线通过时的动力学性能，特别是横向动力学性能。

4. 保证机车的灵活性和稳定性

保证机车在曲线通过时的灵活性和稳定性，并使车体相对转向架经常处于平衡位置。

5. 缓和钢轨对机车的冲击和振动

改善部件的工作可靠性和乘务员的舒适度。现代电力机车大多采用弹性的支承装置，既可缓和传到车体上的冲击，又可增加机车总的静挠度，还因为隔离了机车的振动质量，因而降低了车体的自振频率，提高了机车运行的平稳性指标。

4.1.2　车体和转向架连接装置的类型

车体与转向架的连接装置的类型很多，主要包括有心盘（或中心销）连接装置和无心盘连接装置两大类。

1. 有心盘（或中心销）的连接装置

在转向架的转动中心设置心盘，如图 4-1 所示。机车曲线运行时，转向架绕心盘回转。为了承担机车部分垂直重量，防止车体侧倾，使车体保持安定，一般除心盘外，在转向架两侧还安设旁承，即为心盘-旁承共同承载的支承装置。

有些机车的垂直重量全部由旁承承担，把心盘简化为中心销，如图 4-2 所示。中心销作为转向架相对车体的回转中心，同时负责传递水平载荷如牵引力、制动力和横向力，但不承担垂向重量。为了承担机车部分垂向重量，防止车体侧倾，通常采用中心销-旁承的支承装置，在中心销周围的转向架构架上安设了四个旁承。

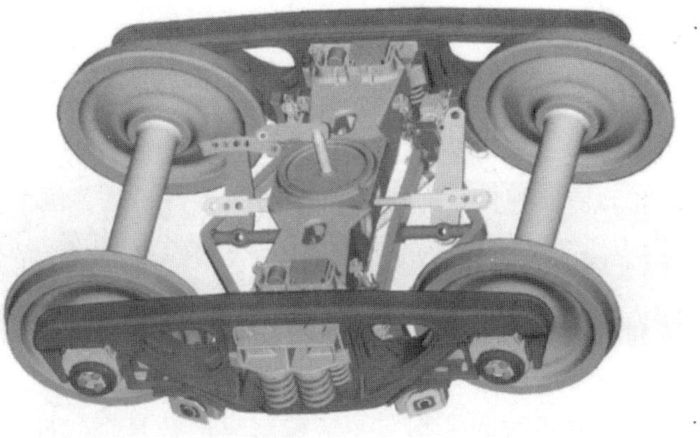

图 4-1　有心盘的连接装置

图 4-2　中心销连接装置

车体和转向架之间加装旁承，可有效抑制转向架的蛇行运动和机车通过曲线时车体的侧滚、摇头等运动，提高机车运行的稳定性和平稳性。当车体发生侧倾时，一侧旁承增载，另一侧旁承减载，这样，旁承和悬挂弹簧会发生反力矩，促使车体恢复正常状态。

旁承可以是刚性旁承，也可以是弹性旁承。

（1）刚性旁承。

刚性旁承也称间隙旁承，是一种最简单的旁承。在车体底架侧梁和转向架构架侧梁之间设相对的两块钢板，平时有一定间隙，当车体侧滚时，旁承间隙消失，起限制车体侧滚的作用。

（2）高圆簧弹性旁承。

机车上广泛采用，被称为“挠性悬挂”的高圆簧弹性旁承装置。它通过采用高圆簧来降低转向架的横向刚度。旁承布置在转向架两侧中央部分，每侧由三个或四个高圆簧组成（数量多少主要决定于垂向载荷的大小）。圆簧的上、下两端都是固定的，这种装置结构简单且无摩擦副。转向架相对于车体的横向运动和回转运动都是通过圆簧的横向弹性来获得的，不仅它的横向及回转刚度可以设计得比较小，同时用它还可以得到较大的垂向静挠度。

（3）橡胶堆弹性旁承。

橡胶堆弹性旁承即橡胶金属夹层的“三明治”结构的弹性旁承。它结构简单，具有较大的垂向刚度和良好的横向弹性，有利于机车曲线运行，改善机车的动力学性能。如韶山 3B、韶山 4 型电力机车和我国从法国进口的 8K 型电力机车，均采用了橡胶堆弹性旁承。

关于旁承的位置和数量，可以有多种设计。旁承在机车转向架构架上的位置，取决于重量分配的需要，一般要求左右对称，前后则不一定对称分布。

这类连接装置，只能允许转向架相对车体绕定点回转，不允许转向架相对车体横向位移，所以机车运行时的横向刚度大。转向架中部被心盘装置占去了一定空间，有时会妨碍其他部件的布置。

2. 无心盘的连接装置

这类支承装置转向架没有明确的回转中心，只能绕一个假想的回转中心回转，而且转向架可以相对车体进行适当的横移。

电力机车上多采用无心盘连接中最常见的一种形式——牵引杆装置。牵引杆装置是用来传递机车牵引力、制动力的装置，可以安设于较低的位置实现低位牵引，有利于黏着牵引力的充分发挥。它有多种结构形式。韶山系列电力机车的牵引杆装置有中央布置和两侧布置两种方式，而和谐系列电力机车的牵引杆装置均采用中央布置方式。如 SS_4 型电力机车的平行牵引杆和中央斜单杆、HXD_1 型电力机车的中间斜拉杆和 HXD_2 型电力机车的中间推挽式牵引杆、HXD_3 型电力机车的推挽式中央平拉杆等形式。

（1）平行牵引杆。

SS_4 改型电力机车（1～158 号）的牵引装置的结构形式为平行牵引杆。其牵引点距轨面高度为 445 mm，采用全旁承橡胶堆。杆件系统由两根牵引杆、两个拐臂、一根连接杆组成，如图 4-3 所示。牵引杆一端与车体底架连接，另一端与拐臂连接，拐臂的转轴装在转向架构架上，连接杆将左、右两个拐臂连接起来，用以保证左右牵引的同步。

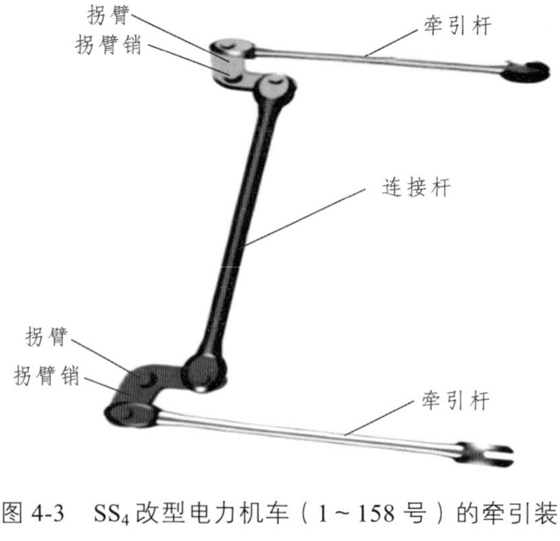

图 4-3　SS_4 改型电力机车（1～158 号）的牵引装置

直线运行时，牵引力通过转向架构架、拐臂、牵引杆传给车体；曲线运行时，拐臂转轴随转向架移向曲线内侧，拐臂、牵引杆发生同步转动，但牵引力的传递不受影响。

（2）中央斜单杆推挽式牵引杆。

SS_4改型电力机车（158 号以上的机车）的牵引装置结构形式为中央斜单杆推挽式牵引杆。其牵引点距轨面的高度为 12 mm，采用全旁承橡胶堆。牵引杆一端通过牵引座与车体底架牵引梁相连，另一端通过销与三角撑杆相连，三角撑杆通过销与三角架相连，三角架通过销与构架牵引梁相连，如图 4-4 所示。

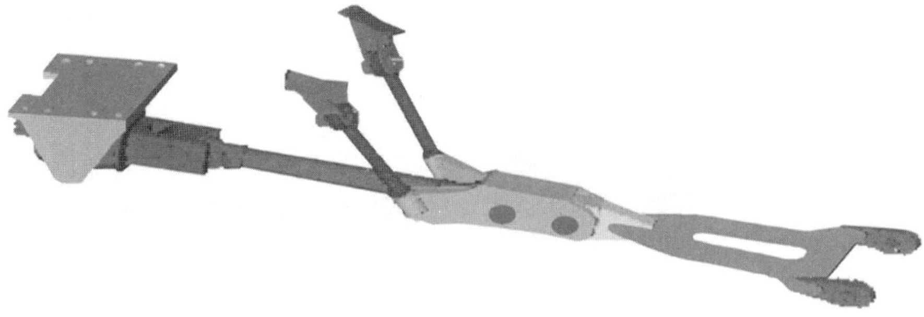

图 4-4　SS_4改型电力机车（158 号以上的机车）的牵引装置

（3）中间斜拉杆。

HXD_1型电力机车的牵引装置结构形式为中间斜拉杆，采用了橡胶关节和销套结构，主要包括牵引杆 1、牵引杆 2、连杆和橡胶关节等部件。牵引杆为 16MnDR 钢板焊接结构，连杆为 16MnDR 锻造结构，二者通过销套结构连接。连杆与牵引杆之间采用橡胶关节，牵引杆与构架和车体之间也采用橡胶关节，如图 4-5 所示。

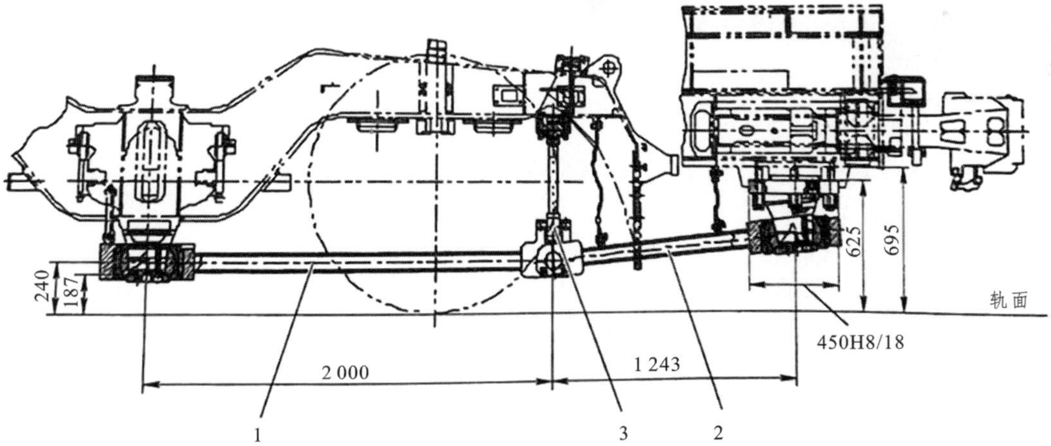

1、2—牵引杆；3—连杆。

图 4-5　HXD_1型电力机车的牵引装置

（4）中间推挽式牵引杆。

HXD_2 型电力机车的牵引装置结构形式为中间推挽式。牵引杆倾斜布置，与轨道成 11°，牵引点低于轮轴中心，属低位牵引，因此轴重转移量小。牵引装置主要由转向架牵引支座、牵引杆、托盘、车体牵引支座和橡胶套等组成。转向架牵引支座与构架端梁固定，车体牵引支座与车体底架固定，牵引杆通过两个橡胶套分别与转向架牵引支座和车体牵引支座连接成一个可以小幅度转动的弹性机构，以适应转向架相对于车体的转动。该装置还设计了防落机构，即通过钢丝吊绳实现牵引杆和车体底架间的软连接，防止牵引杆意外脱落，牵引杆由 25CrMo4 钢锻造加工而成，如图 4-6 所示。

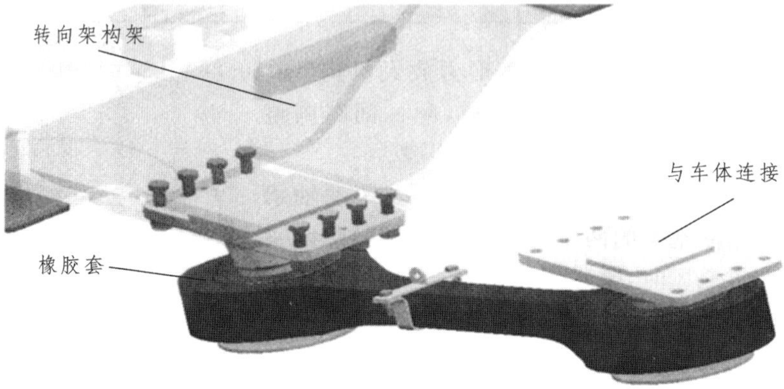

图 4-6　HXD_2 型电力机车的牵引装置

（5）推挽式中央平拉杆。

HXD_3 型电力机车的牵引装置结构形式为推挽式中央平拉杆。主要由牵引销装配、橡胶关节、安全索座、牵引杆体等部件组成，如图 4-7 所示。

图 4-7　HXD_3 型电力机车的牵引装置

任务考核

1. 车体和转向架的连接装置有什么作用？
2. 车体和转向架的连接装置有哪几类？各自有何特点？

任务 4.2　认识车体和转向架连接装置的结构

任务描述

车体与转向架的支承装置对机车车体和转向架的各项动力学性能起关键作用，是关系到机车运行品质和安全的重要部件。电力机车车体和转向架连接装置包括牵引装置和二系悬挂装置两部分。

任务目标

1. 熟悉 SS_4 改和 HXD_3 型电力机车二系悬挂装置的结构组成。
2. 熟悉 SS_4 改和 HXD_3 型电力机车牵引装置的结构形式。

任务实施

4.2.1　SS_4 改、HXD_3 型电力机车二系悬挂装置

为进一步减少因为钢轨的冲击导致机车产生的振动，提高车体内设备工作的可靠性和机车运行的平稳性，在转向架构架与车体之间设置了弹性连接装置，称为二系悬挂装置（又称车体支承装置），通过该装置能把车体以上的重量弹性地、均匀地分配到构架上，并通过它传递各种附加力。

1. SS_4 改型电力机车二系悬挂装置

SS_4 改型电力机车二系悬挂装置由橡胶弹簧（橡胶堆）、摩擦减振器、横向油压减振器组成。

（1）橡胶弹簧。

橡胶弹簧又称为橡胶堆，其由两块端板、7 块隔板和橡胶硫化成整体，如图 4-8 所示。橡胶弹簧受载时既有压缩变形，也有剪切变形，因而橡胶弹簧具有较大的垂向刚度和一定的横向剪切刚度，当其变形时，内部会通过产生摩擦吸收机械能。

图 4-8　橡胶弹簧

（2）摩擦减振器。

当转向架蛇行振动时，构架与车体产生相对位移，使组装在这两者之间的摩擦减振器也相对滑动从而产生阻尼力，消耗振动能量，达到阻止蛇行振动的目的。摩擦减振器阻力的大小，可通过用弹簧调整片调整弹簧压力的方式来调节。

摩擦减振器主要由两个弹性球、杆、弹簧外罩、两个弹簧、3 块摩擦片和定位板组成，如图 4-9 所示。

图 4-9　摩擦减振器

① 弹性球铰。

弹性球铰是连接车体或构架的弹性元件，它是由外套、心轴和橡胶硫化成一体的弹性体。

心轴中间为球形体，两端成扁平，并有两个 22 的孔，以便组装摩擦减振器用。外套分两半，内为球形，外为圆柱形，橡胶填在外套内孔和心轴球形体之间。

② 杆。

杆分三角形杆和导槽杆，三角形杆为摩擦工作表面，导槽杆上组装两块摩擦片，它与三角形杆形成摩擦副。

③ 弹簧外罩。

弹簧外罩与定位板用于固定弹簧和摩擦片，使弹簧的压力通过定位板传给摩擦片，摩擦片与三角杆产生压力，摩擦时会产生阻尼力。

④ 弹簧。

弹簧是摩擦力的来源，只需调整弹簧调整片即可调整摩擦力。

⑤ 摩擦片。

采用的摩擦片为 3 块 180 mm × 50 mm × 5 mm 的 HZ-91 石棉橡胶刹车带。它有以下特点：耐磨、耐热、强度高、与钢摩擦系数大（f=0.25）、与三角杆的 3 个摩擦面相接触。

在机车运行过程中，由于摩擦片和三角形杆被不断磨耗，三角形杆表面越来越光滑，不仅弹簧压力相应减少，摩擦系数也相应变小。所以要定期维修和测定摩擦阻尼力，当下降到 10%以下时应进行调整。

（3）横向油压减振器。

每台转向架水平方向斜对称布置了两个 SFK 型横向油压减振器，如图 4-10 所示。

图 4-10　横向油压减振器

2. HXD_3 型电力机车二系悬挂装置

HXD_3 型电力机车二系悬挂装置由垂向减振器、高圆弹簧、抗蛇行减振器、弹簧垫片、减振垫等组成，外形结构如图 4-11 所示。

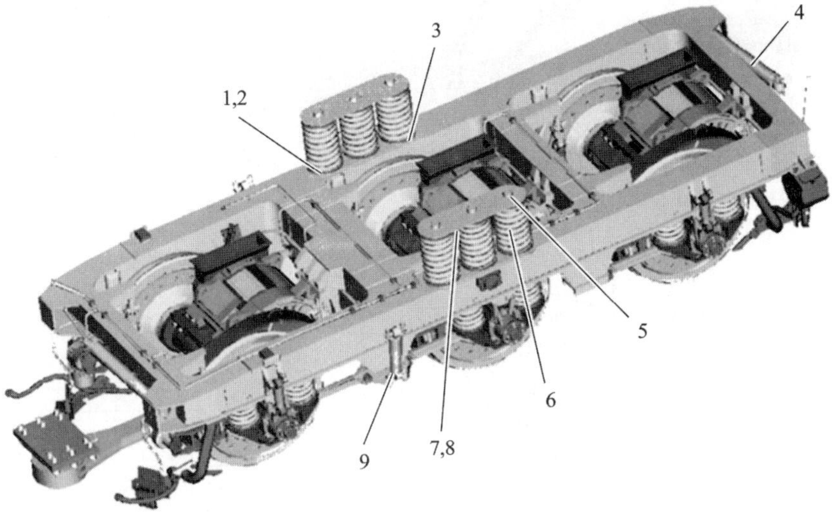

1，2—调整弹簧垫片；2—减振垫；4—抗蛇行减振器；5—连接座；6—高圆弹簧；7，8—调整垫片；9—垂向减振器。

图 4-11　HXD_3 型电力机车二系悬挂装置布置图

转向架左右侧梁中央部分各布置了三个高圆弹簧。高圆弹簧支承着机车上部结构重量，并通过它实现车体上部的垂向静载荷、动载荷及横向载荷向转向架的传递。当机车通过曲线时，它可在车体与转向架之间产生相对位移，使机车顺利通过曲线；当机车通过曲线后，它可使转向架与车体之间快速恢复原来的平衡位置。

对称布置的两个垂向减振器和斜对称布置的两个抗蛇行减振器可以使机车获得良好的运行品质。

认识电力机车牵引杆微课视频扫码观看

4.2.2　SS_4 改、HXD_3 型电力机车牵引装置

电力机车的牵引装置，其主要作用是将转向架上的牵引力和制动力传递到车体上，并在机车通过曲线或上下振动时，使转向架与车体之间能自由回转和摆动。

1. SS_4 改型电力机车牵引装置

SS_4 改型电力机车牵引装置的结构形式为中央斜单杆推挽式，如图 4-12 所示。其牵引点距轨面的高度为 12 mm，降低了机车牵引点的高度，从而可减小转向架的轴重转移，提高机车的黏着牵引力。中央斜单杆推挽式牵引装置的主要部件有：牵引座、牵引橡胶

垫、压盖、牵引叉头、牵引杆、三角撑杆、三角架等。

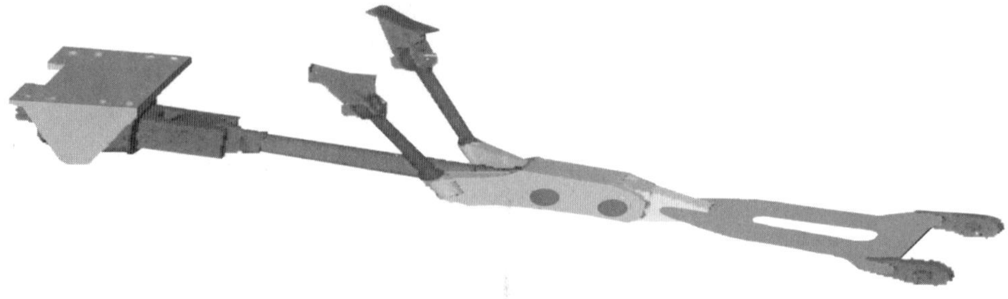

（a）

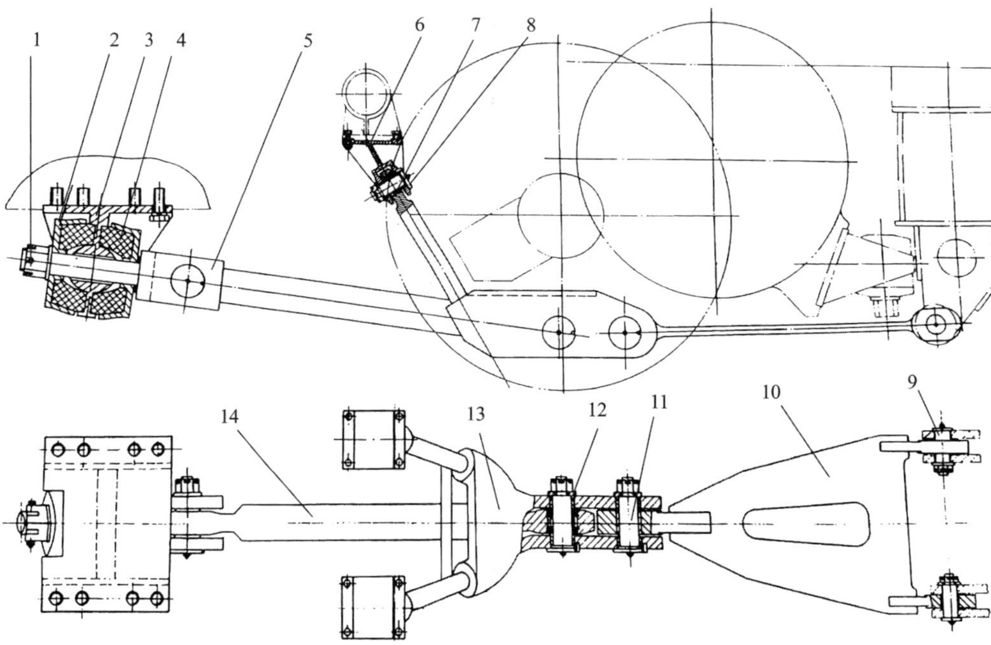

（b）

1—六角开槽螺母；2—压盖；3 一牵引座；4 一牵引橡胶垫；5—牵引叉头；6—三角撑杆座；7—关节轴承；8、9、11—销；10—三角架；12—关节轴承；13—三角撑杆；14—牵引杆。

图 4-12　中央斜单杆推挽式牵引杆

（1）牵引座。

牵引座是一个焊接件，它通过 8 个 M36 的螺栓安装在车体牵引梁下方，如图 4-13 所示。由底板、立板和球形体焊接而成，焊装后必须进行电磁探伤检查，不允许有裂纹等缺陷存在，探伤后进行去应力退火。

（2）牵引橡胶垫。

牵引橡胶垫用来缓和在牵引和制动过程中力的冲击，保证各部件之间的良好作用。

（3）压盖。

压盖为一个呈碗形的容器，底部开有空，以便牵引叉头穿过。该件为铸件，材料为 ZG230-450。

图 4-13　牵引座

（4）牵引叉头。

牵引叉头为锻钢件，材料为 45 号钢，是连接牵引杆和牵引座的重要部件，如图 4-14 所示。受力大，其产品要求进行调质处理并经探伤检查。

图 4-14　牵引叉头

以上四部件用六角槽形螺母联接成一个整体后，安装在车体底架的牵引梁下方，如图 4-15 所示。

图 4-15　SS_4 改型电力机车牵引杆和车体牵引梁的连接

（5）牵引杆。

牵引杆由牵引杆体和端头焊接而成，牵引杆体材料为 35 号（Φ121 mm × 16 mm）无缝钢管，端头材料为 45 号钢，如图 4-16 所示。牵引杆是传递机车牵引力和制动力的关键部件，要求用不低于母材性能的焊条焊接，焊后对焊缝进行电磁探伤，不允许存在裂纹等缺陷，并进行去应力退火。

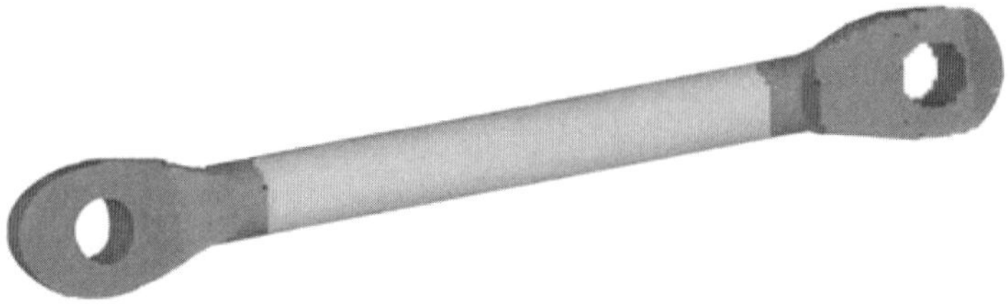

图 4-16　牵引杆

（6）三角撑杆。

该件为铸、锻焊接件，如图 4-17 所示。因受力状态相当复杂，为保证其内在质量，在其加工处内部用超声波探伤。

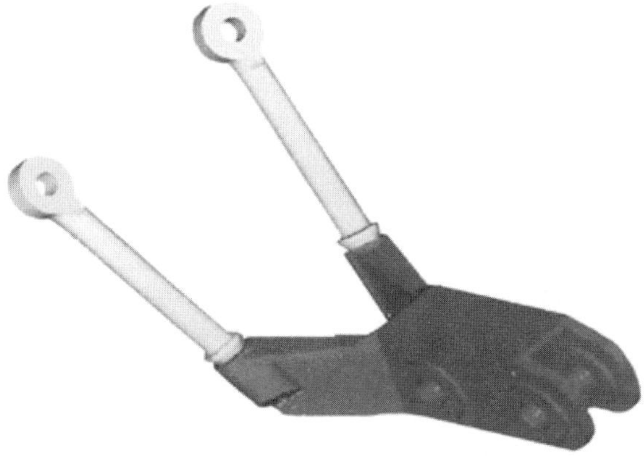

图 4-17　三角撑杆

（7）三角架。

结构如图 4-18 所示。

三角架分别与构架牵引梁和三角撑杆相连构成一个稳定的三角形结构，传递机车的牵引力和制动力。

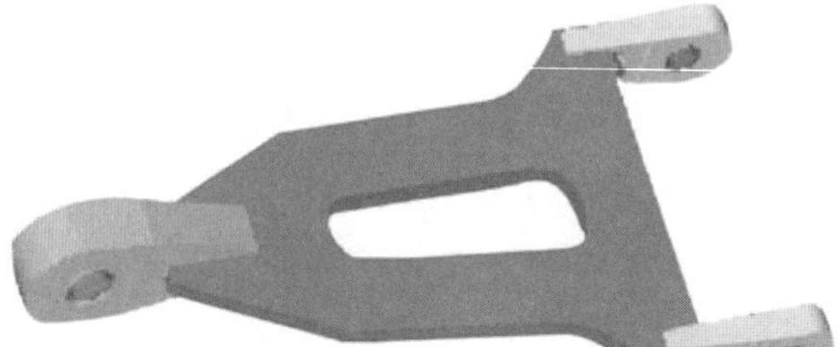

图 4-18　三脚架

牵引力和制动力的传递：

构架牵引梁→三角架、三角撑杆座和三角撑杆→牵引杆→牵引叉头→压盖、牵引橡胶垫→牵引座→车体。

HXD_3 机车牵引杆动画扫码观看

2. HXD_3 型机车的牵引装置

HXD_3 型电力机车牵引装置的结构形式为推挽式中央平拉杆。主要部件包括牵引销装配、橡胶关节、托板、牵引杆体等，牵引装置的结构如图 4-19 所示。

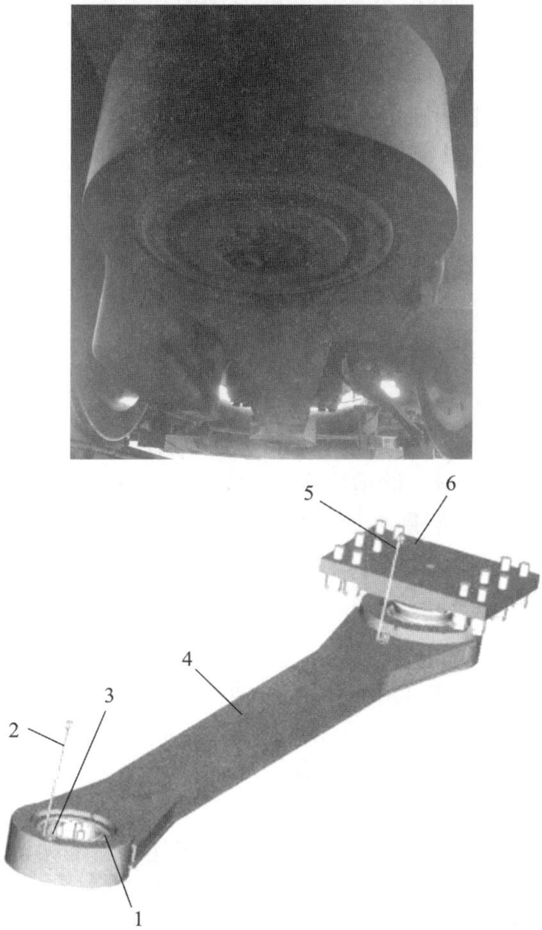

1—橡胶关节；2，5—钢丝绳；3—安全索座；4—牵引杆体；6—牵引销装配。

图 4-19　HXD_3 型机车中央推挽式平拉杆外形图

牵引杆必须保证具有足够的强度和刚度。橡胶关节在传递机车牵引力或制动力的同时，要能保证机车车体与转向架之间的各种相对运动不受约束，并缓和传力过程中的振动冲击，保证各部件之间的良好作用。

牵引力和制动力传递过程：

转向架牵引座→橡胶关节→牵引杆→牵引杆销装配→车体牵引底座→车体。

任务考核

1. SS_4 改和 HXD_3 型电力机车的二系悬挂包括哪些部件？

2. SS_4 改和 HXD_3 型电力机车采用何种牵引装置？各有哪些组成部件？牵引力和制动力的传递途径是什么？

巩固练习

1.【单选题】对于车体和转向架连接装置的作用，下列说法不正确的是（　　）。

A. 传递各个方向的力

B. 改善机车的动力学性能

C. 保证机车的灵活性和稳定性

D. 可以有效地降低簧下重量

2.【单选题】现代机车车体和转向架之间多采用的连接方式为（　　）。

A. 心盘

B. 摆式连接装置

C. 牵引杆式连接装置

3.【单选题】下列哪一项不是心盘连接的特点（　　）。

A. 转向架有明确的回转中心

B. 有时会影响转向架其他部件的布置

C. 具有一定的横向位移，能适应车体和转向架的横向位移要求

4.【单选题】下列哪一项不是心盘连接中旁承起到的作用（　　）。

A. 承担一定的重力

B. 防止车体侧倾，保持稳定

C. 传递牵引力

5.【单选题】下列哪一项不是无心盘连接的特点（　　）。

A. 转向架有明确的回转中心

B. 转向架相对于车体可以做适当横移

C. 不设心盘，也没有中心销

6.【判断题】车体和转向架的连接装置能起到车体和转向架活动关节的作用（　）。

7.【判断题】旁承在构架的位置一般要求前后左右均对称（　）。

8.【判断题】旁承只能采用弹性结构（　）。

9.【判断题】牵引杆可以传递牵引力和制动力，但不能适应车体和转向架之间的位移（　）。

10.【判断题】摆式连接装置广泛应用在电力和内燃机车中（　）。

项目5

电力机车牵引缓冲装置认知

项目简介

牵引缓冲装置主要由车钩、缓冲器和车钩复原装置组成，设置在机车车体底架两端牵引梁空腔内的标准高度上，实现连挂列车，并且传递、缓和列车在运行、制动或调车时所产生的牵引力、制动力和冲击力，从而减少旅客和货物的损伤以及机车车辆的破损，提高列车运行的平稳性。牵引缓冲装置的构造和性能，在很大程度上影响列车运行的平稳性，严重的缺陷还可能引起重大的行车事故。为了保证列车运行安全，《技规》规定，编入列车中的车辆应达到运用状态，车钩缓冲装置应符合质量要求。

本项目主要介绍电力机车车钩和缓冲器的基本组成和作用原理，车钩和缓冲器的安装和传力等。

项目教学目标

✓ **知识目标**

1. 掌握电力机车车钩的作用、类型和组成等。
2. 掌握缓冲器的结构和原理。
3. 理解车钩复原装置的组成及作用。

✓ **技能目标**

1. 能指出真实车钩的各组成部分。
2. 能对真实车钩进行日常检查作业。

✓ **素质目标**

1. 培养学生的安全意识和集体意识。
2. 使学生形成严格遵守操作规程的职业素养。

课时建议

6 课时。

任务 5.1　车钩的认知

任务描述

车钩是机车牵引缓冲装置的主要部件之一。起着连挂车列或其他机车并使其保持一定的距离，同时传递牵引力和制动力的作用。

任务目标

1. 掌握车钩的结构组成及各部件作用原理。
2. 掌握车钩三态作用。

认识车钩及三态作用微课视频扫码观看

任务实施

5.1.1 车钩的种类

1. 按车钩连挂方式分类

车钩的种类很多，但其基本类型有两种：自动车钩和非自动车钩。在拉动钩提杆或车相互碰撞时就能完成解开或连挂动作的车钩称为自动车钩。需由人工操作来完成机车车辆连挂的车钩称为非自动车钩。电力机车均采用自动车钩。

自动车钩又可分为两种基本类型：非刚性车钩和刚性车钩。

（1）非刚性车钩。

指传统车钩，它允许两个相连接的车钩钩体在垂直方向上有相对位移，当两个车钩的纵轴线存在高度差时，两个车钩呈阶梯状，并且各自保持水平位置，如图 5-1 所示。

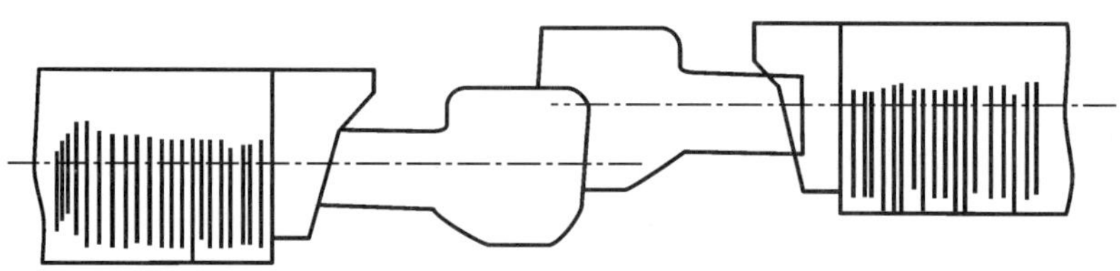

图 5-1　非刚性车钩的连挂

非刚性车钩结构简单、强度高、自重轻，与车体连接较为简单，因此较普遍地应用于一般铁路机车车辆上，结构如图 5-2 所示。

（2）刚性车钩。

刚性车钩也称密接式车钩，其电气与风管连接器通常与车钩组合成一复合部件，构成全车低压电气系统及空气系统的通路。它不允许两连挂车钩在连接处存在垂向相对位移，如果在机车车辆连挂之前两车钩的纵向轴线高度已有偏差，那么在连挂后，两车钩的轴线处在同一条直线上并呈倾斜状态，如图 5-3 所示。

刚性车钩运行平稳、磨耗小，但结构复杂、强度低，且较难实现两车钩纵向中心线高度偏差较大的机车车辆之间的连挂，主要应用于动车组和城轨车辆，如图 5-4 所示。

图 5-2　非刚性车钩

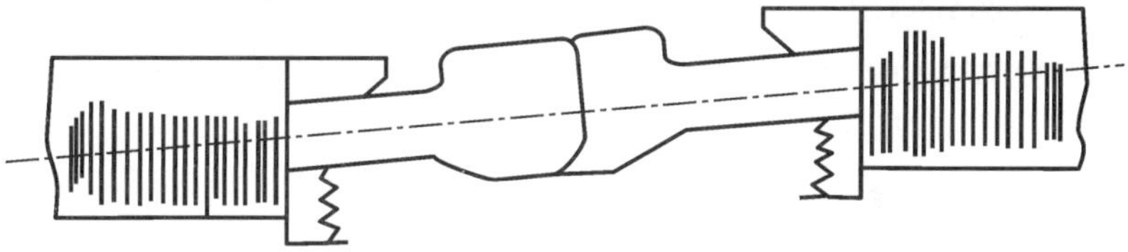

图 5-3　刚性车钩的连挂

图 5-4　刚性车钩

2. 按车钩的开启方式分类

根据车钩的开启方式，可以将车钩分为上作用式及下作用式两种。由设在钩头上部提升机构开启的，叫上作用式；由设在钩头下部推顶机构开启的，叫下作用式。相比较而言，上作用式开启比较轻便。

车钩的型号常用数字来表示。我国规定的标准车钩有 1 号、2 号、13 号、13A、13B 和 15 号等多种。国内各型电力机车主要采用下作用式 13 号、13A 型(E 级钢)自动车钩。HXD_3 型电力机车采用下作用式 13A 型（E 级钢）自动车钩，SS_4G 型电力机车均采用下作用式 13 号自动车钩。

5.1.2　对车钩的要求

无论哪种型号的车钩，都必须满足下列要求：

（1）具有足够的强度和疲劳寿命。

（2）容易辨识其连接状态，以免误认而造成列车分离事故。

（3）应有可靠的连接，不能因冲击、振动和跳动而自行解锁脱钩。

（4）不能因车钩各部分稍有磨耗而影响其作用和挂钩作业的安全。

（5）构造简单，操纵、拆装和检修方便，运用保养成本低。

认识下作用式 13A 型车钩微课视频扫码观看　　　　车钩的组装分解动画扫码观看

5.1.3　车钩的构造

1. 13 号下作用式自动车钩

SS_4G 型电力机车采用的是 13 号下作用式车钩，下作用式 13 号车钩由钩体、钩舌、钩舌销、钩锁铁、钩舌推铁和下锁销装配等组成，如图 5-5 所示。

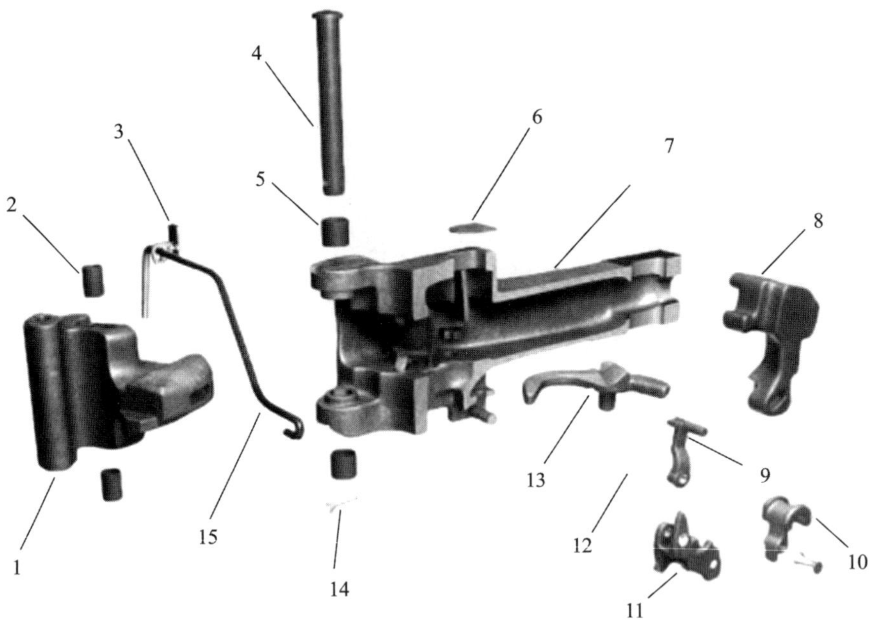

1—钩舌；2、5—衬套；3—钩提杆座；4—钩舌销；6—钩体盖；7—钩体；8—钩锁铁；9—下锁销；10—下锁销钩；11—下锁销体；12—平头铆钉；13—钩舌推铁；14—开口销；15—下作用钩提杆。

图 5-5　13 号下作用式车钩零件

（1）钩体。

钩体由铸钢铸成，是车钩的主体件，按部位可分为钩头、钩身、钩尾 3 部分。整个钩体像个半张开的拳头，如图 5-6 所示。

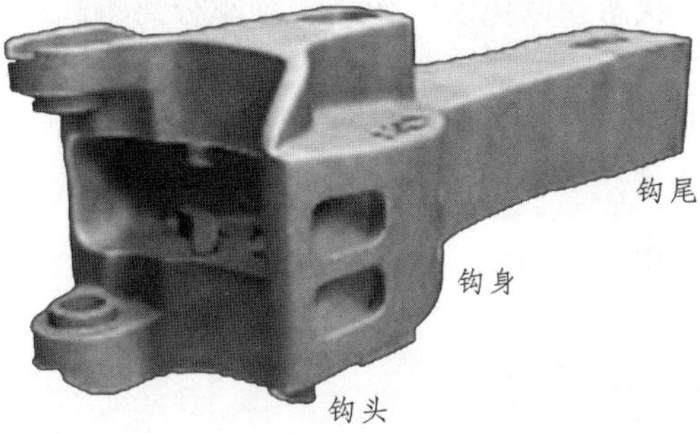

图 5-6 13 号车钩钩体

钩头主要包括钩腕、钩耳和钩锁腔等部分。钩腕用来容纳对方钩舌；钩耳分为上、下钩耳，安装钩舌用；钩锁腔为钩头的中空部，容纳并安装钩锁、钩舌推铁等零件。钩头如图 5-7 所示。

钩身铸成中空断面结构，用来传递牵引力和制动力。

钩尾分叉并设销孔，通过钩尾销来连接车钩尾框，在尾框内设缓冲器。

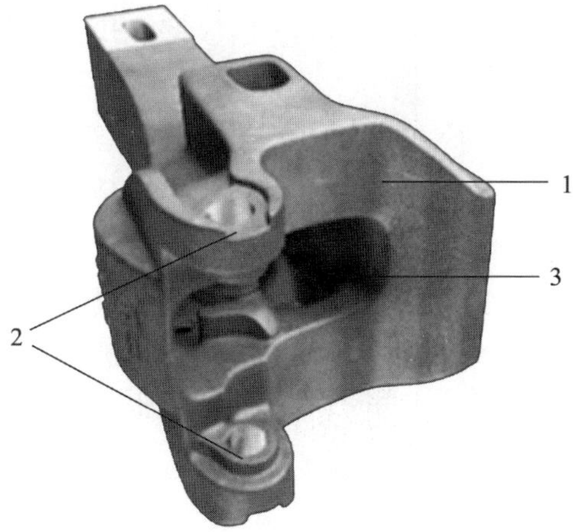

1—钩腕；2—上下钩耳及孔；3—钩锁腔。

图 5-7 13 号车钩钩头

（2）钩舌。

钩舌是一个形状复杂的铸钢件，按部位可分为钩舌和钩舌尾部，如图 5-8 所示。

钩舌是挽钩部分，钩舌尾部是锁钩、开钩的控制部分，并且是车钩承受拉压载荷的部分。相互连挂的两车钩如图 5-9 所示。在钩舌转轴处，设一垂向销孔，通过钩舌销把钩舌装在钩头上，并可以适当转动，呈张开或闭拢状态。张开时可以进行挂钩，闭拢并锁住后即为连挂好以后的状态。

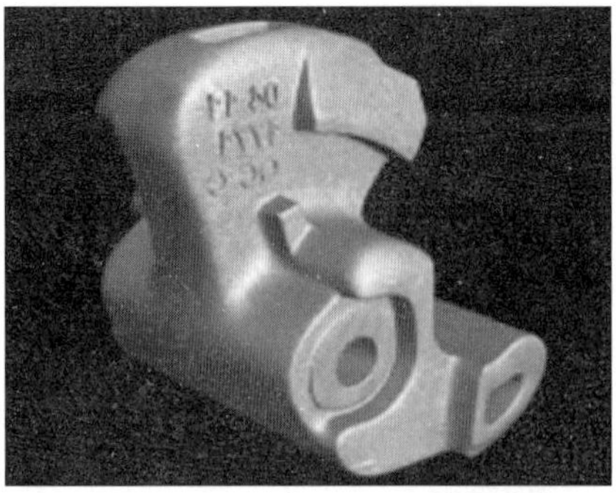

图 5-8　13 号车钩钩舌

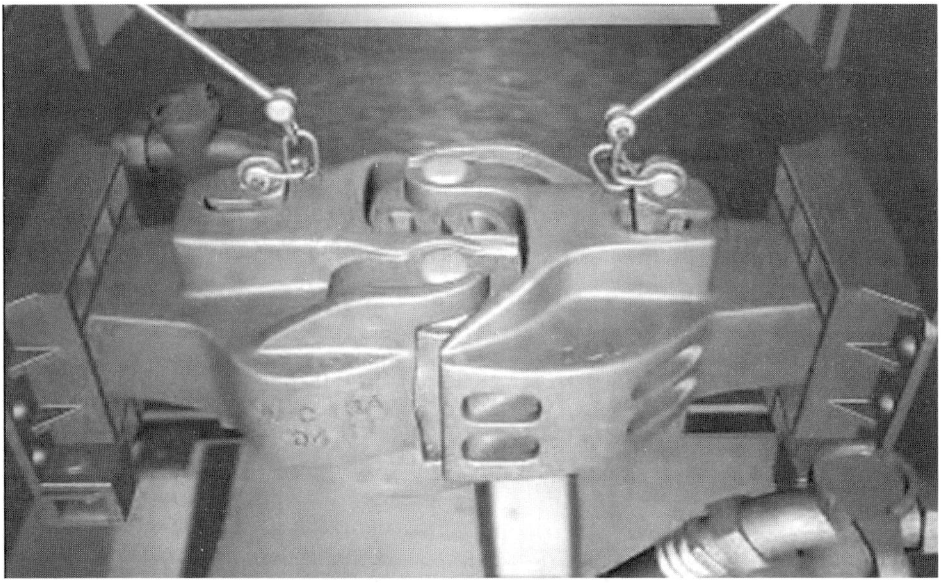

图 5-9　车钩连挂

两连挂车钩在牵引和推进运行中，钩舌的内外侧面极易磨耗，久而久之钩舌必然会被磨薄，强度要减弱；同时，钩舌变薄后，两车钩会松旷过大，导致冲击增加，使相互脱离的风险加大。钩舌尾部和钩头接触的部分受力也很大。所以应按照车钩的磨耗限度进行检查。

（3）钩舌销。

钩舌销是锻钢制成的圆形长销（见图 5-5）。它穿在钩头及钩舌的销孔内，把钩舌装在钩头上，并保证钩舌可以绕其适当转动。钩舌销顶部有凸边，可以防止掉落；下部有开口销孔，以穿入开口销，避免脱落。

实践证明，无论在牵引或推进运行中，万一钩舌销折损，只要车钩确实处于相互连接而且完全锁闭的状态下，钩舌并没有自动落下或被拉脱的危险，将互扣的钩舌解开后，钩舌方可取下。这种设计是为了保障列车运行中车钩安全而可靠地连接。

（4）钩锁铁。

钩锁铁（也称钩锁）是一个形状复杂的铸钢件，它有相当大的自重，安放在钩头空腔内处于钩舌尾部适当位置。当钩舌转到闭拢位置时，钩舌尾部和钩头空腔内壁之间转出一个空间，钩锁因自重落下，卡住钩舌尾部，使钩舌不能张开，即成锁钩状态。在钩锁的下端尾部有一销孔，用来连接下锁销；在钩锁的上部还设有一个短梁，这是为上作用式车钩连接提锁零件用的，如图 5-10 所示。

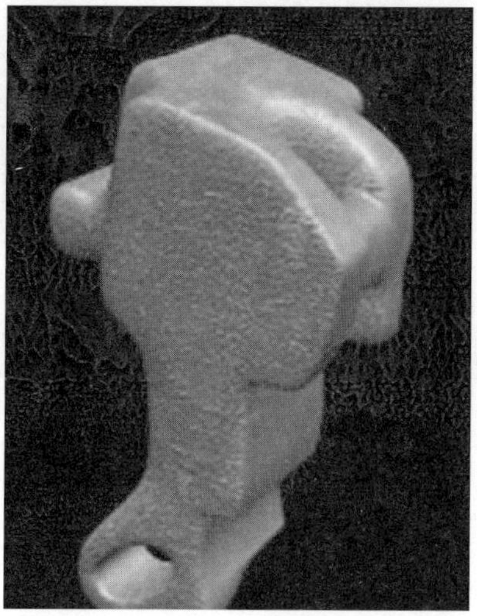

图 5-10　13 号车钩钩锁

（5）钩舌推铁。

钩舌推铁是一个弯曲形状的铸钢件，平置于钩头空腔内，处于钩舌尾部的后面，下部有圆销作为转轴。当钩锁被提起时，钩锁推动钩舌推铁的一端，使它绕轴转动一定角度，其另一端则拨动钩舌尾部，使钩舌张开成全开状态。在挂钩后，钩舌尾部又将它转回原位，如图 5-11 所示。

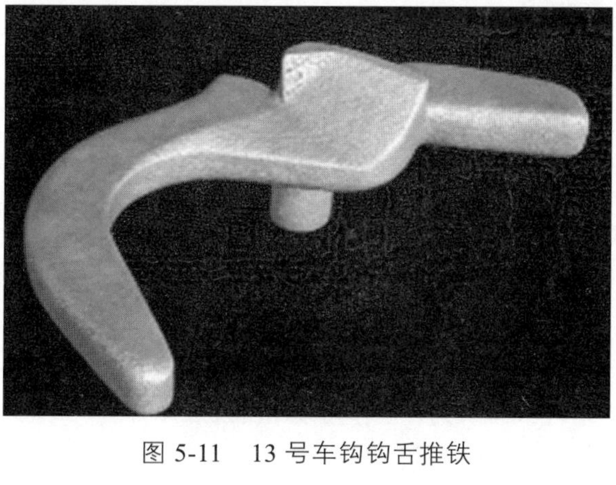

图 5-11　13 号车钩钩舌推铁

（6）下锁销装配。

下锁销装配为下作用式车钩顶起钩锁用，它由下锁销、下锁销钩和下锁销体组成，用平头铆钉活动连接。下锁销钩和钩头下锁销钩转轴连接，另一端和下锁销体相连；下锁销体另一端和下锁销相连，其上有二次防脱（跳）尖端，中部有回转挡和钩提杆止挡；下锁销通过下锁销轴和钩锁的下锁销孔相连，下锁销装配如图 5-12 所示。

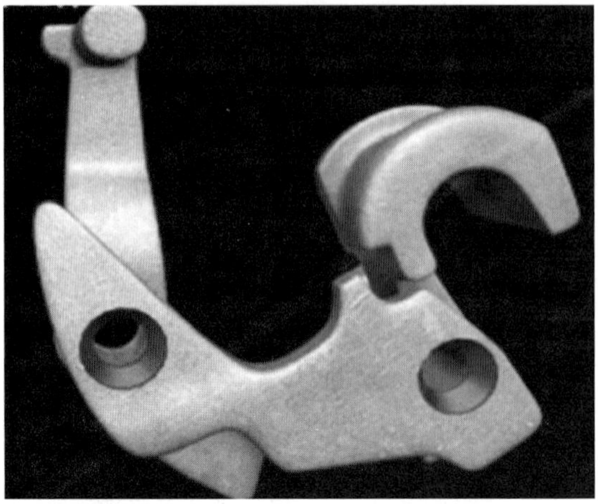

图 5-12 13 号车钩下锁销装配图

13 号车钩主要部件的最小破坏载荷如下：

钩舌：2 700 kN 以上；

钩体：3 400 kN 以上；

钩尾框：3 400 kN 以上。

2. 下作用式 13A 型（E 级钢）车钩

HXD_3 型电力机车采用下作用式 13A 型（E 级钢）车钩。

下作用式 13A 型车钩与 13 号车钩结构原理基本相同。其主要区别在于 13A 型车钩采用 E 级钢和小间隙钩舌，并在钩体下方增加了钩身磨耗板。13A 型车钩的连挂间隙为 11.5 mm，比普通的 13 号车钩连挂间隙 19.5 mm 减小了 8 mm，可有效降低列车的纵向冲动，改善列车的动力学性能。

E 级钢车钩主要部件的最小破坏载荷如下：

钩舌：3 430 kN；

钩体：4 005 kN；

尾框：4 005 kN。

车钩的三态作用微课视频扫码观看

5.1.4 车钩的三态作用

当车钩的各种零件处于不同的位置时起着不同的作用，从而使车钩具有闭锁、开锁、全开 3 种作用，俗称为车钩的三态作用。

1. 闭锁位置

闭锁位置是车钩连挂好以后的状态，是机车车辆连挂编组后的位置。这时钩舌尾部转入钩锁腔内，钩锁以自重落下，其后锁面和侧坐锁面分别坐在钩舌推铁的锁座和钩舌尾部侧面的钩锁承台上，卡在钩舌尾部侧面及钩锁腔侧壁面之间，拦住钩舌使其不能张开，如图 5-13 所示。

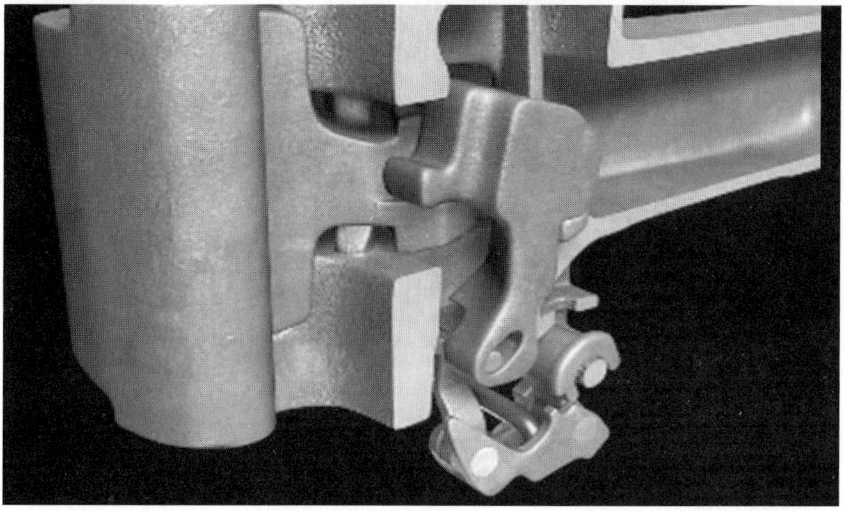

图 5-13　13 号车钩闭锁位置

通过检查下锁销是否充分落下以及钩锁铁足部是否落入下锁销孔内来进行闭锁位置的确认。

当钩锁依靠自重落下后，下锁销沿钩锁腿部的下锁销轴孔下滑，使下锁销的防跳台处于下锁销孔中防跳台下方，起防跳作用，如图 5-14 所示。

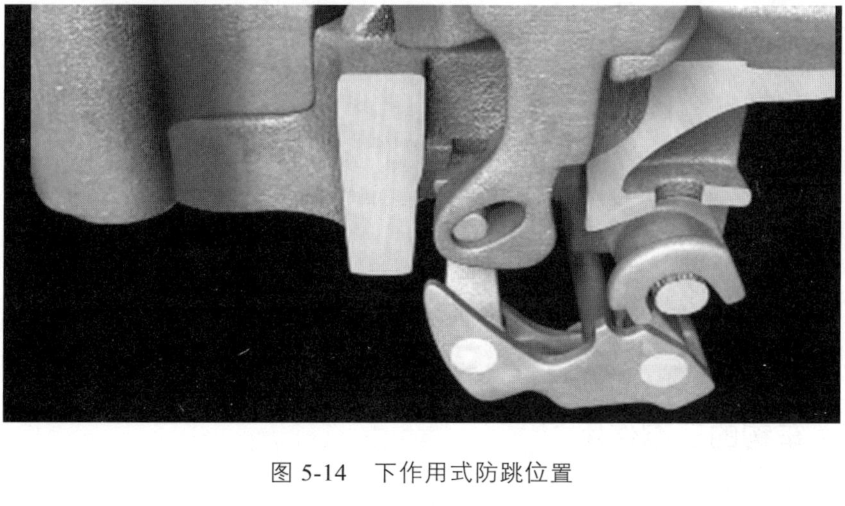

图 5-14　下作用式防跳位置

同时，二次防跳尖端卡在下锁销孔的前沿二次防跳台下，再次限制钩锁的跳动，如图 5-15 所示。

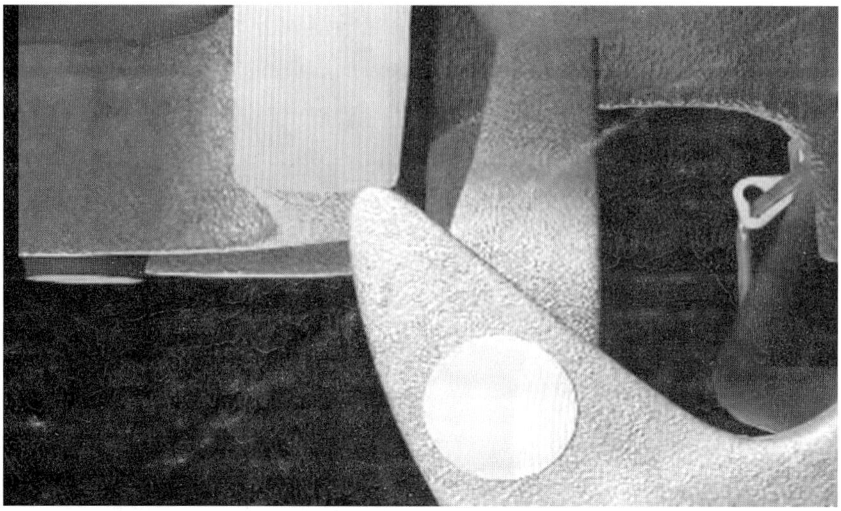

图 5-15 下作用式二次防跳位置

2. 开锁位置

开锁位置是一种闭而不锁的状态，是解编作业摘解车辆时的位置。此时钩舌虽未张开，但钩锁已被人为操纵顶起一定高度，解除了对钩舌的锁闭。操作时，适当用力扳动钩提杆，推动下锁销轴沿钩锁腿部的下锁销轴孔斜向上滑动，脱离防跳位置。另外，下锁销从下锁销孔顶起钩锁，使之上移，并使钩锁腿部向后转动，开锁坐锁面坐在钩舌推铁的锁座上，使钩锁不能落下，形成开锁位置，如图 5-16 所示。此时，牵动另一辆车即可摘开车钩实现解编。

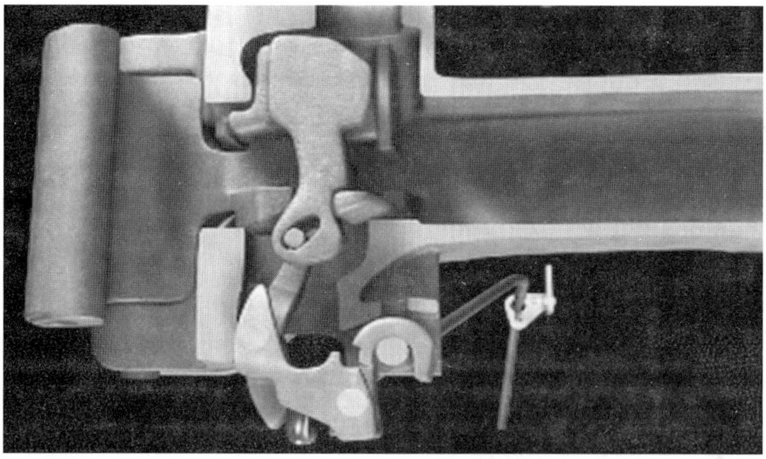

图 5-16 13 号车钩开锁位置

3. 全开位置

全开位置是车钩钩舌完全张开的状态，为车钩再次连挂的准备位置。由闭锁或开锁位用力提起车钩提杆（若在闭锁位置先脱离防跳），下锁销推动钩锁充分使其上升，钩锁全开回转支点以钩锁腔前壁全开作用点为支点，钩锁的腿部向后转动，后踢足踢动钩舌推铁的踢足推动面，使钩舌推铁以其为轴转动，推铁踢足踢动钩舌尾部侧面，使钩舌以钩舌销为轴张开，形成全开位置，如图 5-17 所示。全开位置时，钩锁坐落在钩舌尾部上方，不能落下。

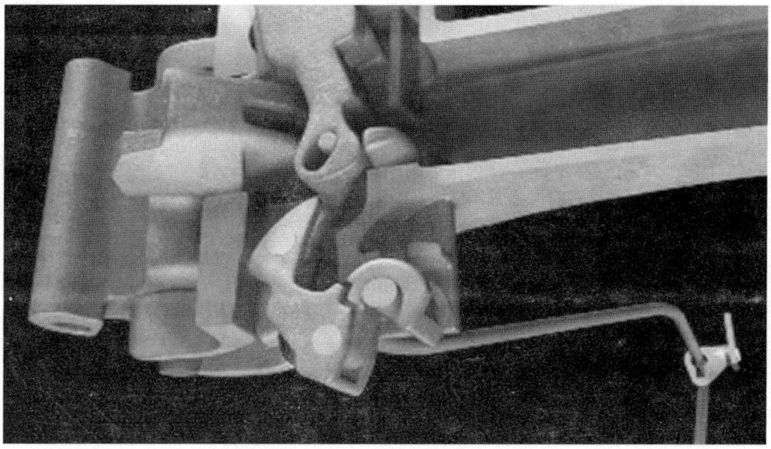

图 5-17　13 号车钩全开位置

在挂钩时，相互连挂的两个车钩必须有一个处于全开位，另一个处于什么位置都可以。也就是说，挂钩的充分必要条件是其中一个车钩处于全开位。

由此可知，全开位置是连挂车钩的准备位置。

任务考核

1. 简述车钩的类型及对车钩的要求。
2. 简述下作用式 13 号车钩的结构组成。
3. 何为车钩三态？

认识缓冲器微课视频扫码观看

任务 5.2　认识缓冲器

任务描述

缓冲器用来缓解吸收列车在运行中由于牵引力的变化或在起动、制动及调车挂钩时机车车辆相互碰撞而引起的纵向冲击和振动，减轻机车车辆车体结构的破损和对车内设备、货物的损伤，提高列车运行的平稳性。

任务目标

1. 掌握缓冲器的结构组成。
2. 掌握缓冲器的作用原理。

任务实施

5.2.1 缓冲器的类型

缓冲器的工作原理与减振器相同。它一方面借助压缩弹性元件来缓和冲击作用力，另一方面在弹性元件变形过程中利用摩擦和阻尼吸收冲击能量。

按照缓冲器的结构组成，可将缓冲器分为弹簧摩擦式、橡胶摩擦式、弹性胶泥式、液压式等。

1. 弹簧摩擦式缓冲器

弹簧摩擦式缓冲器由弹簧和摩擦件组成，利用弹簧的变形和摩擦件的摩擦功耗消耗掉冲击能量，如 1 号、2 号、3 号缓冲器。

1 号缓冲器采用刚度较小的螺旋弹簧，初始刚度小，灵敏性好，较小的冲击也能缓冲，适用于客车，但其容量小，只有 14 kJ，无法满足扩编旅客列车和双层客车的缓冲要求，加上维修工作量大、寿命短，在新造客车中已停止使用。

2 号缓冲器为环弹簧摩擦式缓冲器，其依靠环簧的变形及圆锥面上的摩擦力来缓和和吸收冲击时的动能。为提高其灵敏度，在前端设有几个开口的小环簧。缓冲器有 3 mm 的预压量（15 kN），以保证各环密贴，防止损失有效行程。容量在 25 kJ 左右，阻抗力为 1 200 kN，行程为 64 ~ 68 mm。性能较稳定，环簧受力比较合理。但在运用中环簧易卡死，环簧工作面磨耗较严重，有待进一步改造和提高。

3 号缓冲器为弹簧式摩擦缓冲器，在 SS_1 型机车上使用。形式陈旧、容量不足，板簧及圆簧易产生永久变形、性能变化较大，已不能适应重载列车运行及机车的要求，已被淘汰。

2. 橡胶摩擦式缓冲器

橡胶摩擦式缓冲器由橡胶元件和摩擦件组成，如 MX-1 型、MX-2 型缓冲器。

3. 液压缓冲器

液压缓冲器利用液压系统吸收冲击能量，可以精确地进行控制，是一种新型缓冲器。容量大，结构复杂，制造维修要求水平高。

4. 弹性胶泥缓冲器

弹性胶泥缓冲器利用缓冲器的弹性胶泥之间的相互摩擦运动而对车钩产生的冲击起缓冲、吸能作用。HXD_3 和 HXD_1 型电力机车均采用 QKX100 型胶泥缓冲器。

5.2.2 缓冲器的性能参数

1. 行程

缓冲器在受力情况下产生的最大变形量称为行程。此时，弹性元件处于压死状态，继续增加外力时，变形量不再增加。

2. 作用力

作用力也叫最大阻抗力。作用力是指缓冲器变形量达到行程时的作用外力。

3. 容量

容量是指缓冲器在全压缩过程中外力所做的功。即压缩缓冲器时，作用力在其行程上所做的功的总和，称为容量。容量是衡量缓冲器缓冲能力大小的主要参数。如果缓冲器的容量过小，则在冲击力作用下，常常被压死，产生刚性冲击。

4. 能量吸收率

缓冲器在压缩过程中，有一部分冲击能量被阻尼所消耗。其消耗部分能量与容量（总能量）之比，称为能量吸收率。它表明缓冲器吸收冲击的能力。吸收率越大，则反作用力越小，冲击过程停止得越快。

5. 初压力

缓冲器的静预压力称为初压力。初压力的大小将影响列车起动加速度。

6. 回弹能量

缓冲器在复原时所放出的能量称为回弹能量。

7. 耐久性

缓冲器在运用中保持其容量的能力称为耐久性。

5.2.3 对缓冲器的要求

（1）有足够的容量和较高的冲击能量吸收率（不小于 75%）。

（2）有足够的强度和耐久性。

（3）在小冲击力作用下动作灵敏。

（4）摩擦件应耐用、耐磨、磨耗均匀。

5.2.4 SS_4改型机车的缓冲器

SS_4改型机车采用 MX-1 型橡胶摩擦式缓冲器，外形如图 5-18 所示。

图 5-18 MX-1 型橡胶摩擦式缓冲器外形

该缓冲器主要包括两部分。头部为摩擦部分，由三个形状相同且带有倾角的楔块、压块和箱体组成。楔块介于箱体与压块之间，当缓冲器受压缩时会产生摩擦，消耗冲击动能；后部为弹性部分，由九块金属橡胶片及隔板组成，除起弹性压缩和复原作用外，也吸收一部分冲击动能，结构如图 5-19 所示。

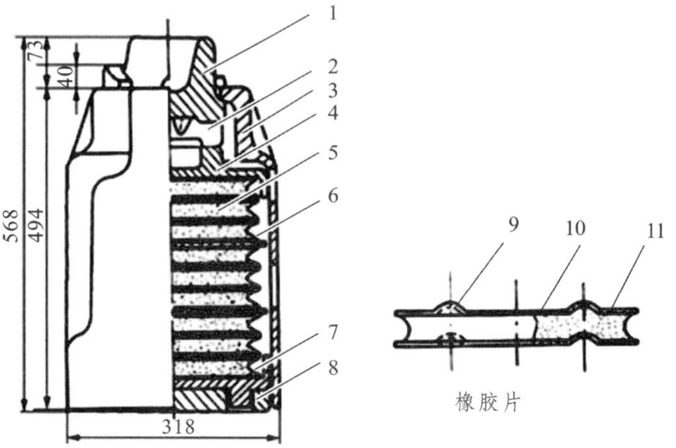

1—压头；2—楔块；3—箱体；4—顶隔板；5—橡胶片；6—中隔板；7—底隔板；8—底板；9—凸台；10—钢板；11—橡胶。

图 5-19　MX-1 型橡胶摩擦式缓冲器结构

该缓冲器容量在 40 ~ 43 kJ，最大阻抗力 1 700 kN，行程为 65 mm，能量吸收率高于 90%，零件少、重量轻、结构简单、维修量小；但性能不稳定，橡胶易老化、开裂，箱体及底板等零部件易发生裂纹。因此需要在提高容量、改善性能方面做进一步的试验研究。

5.3.5　HXD_3 型电力机车的缓冲器

HXD_3 型电力机车采用 QKX100 型胶泥缓冲器。通过胶泥芯子的往复运动吸收能量，运动过程中弹性胶泥芯子产生内摩擦、弹性胶泥通过阻尼孔产生摩擦来耗散能量。它由壳体、连接板、预压板、弹性胶泥芯子、垫块、减磨套、紧固件等组成，其外形如图 5-20 所示。

弹性胶泥缓冲器的主要介质是弹性胶泥，胶泥材料是一种未经硫化的有机硅化合物，无毒、无嗅，在 30 年内都可保持稳定理化性能，检修周期长达 10 年。由于弹性胶泥的可压缩性（15% ~ 20%）相比于普通液压油大了很多[比目前国内的硅油（3% ~ 4%）大 5 倍左右]，因此不需要单独的贮液缸，而其动力黏度是液压油的十几万倍，所以其密封问题比液压缓冲器要容易解决得多。同时又因为减轻了缓冲器的重量及简化了缓冲器的结构，方便检修及维护。

任务考核

1. 缓冲器的性能参数有哪些？
2. SS_4 改和 HXD_3 型电力机车采用何种缓冲器？简述缓冲器的结构组成。

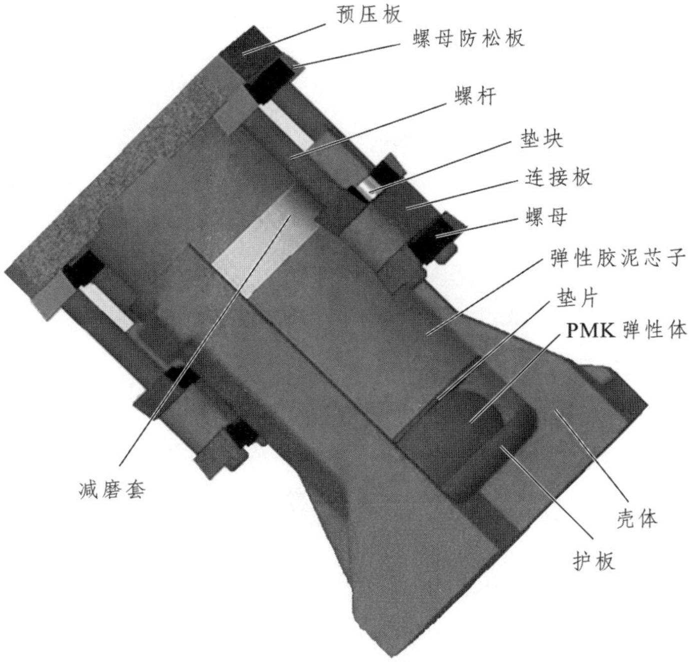

图 5-20　QKX100 型胶泥缓冲器

任务 5.3　认识车钩和缓冲器安装

牵引缓冲装置动画扫码观看

任务描述

电力机车的牵引缓冲装置主要由车钩、缓冲器和车钩复原装置组成，安装在机车车体底架两端牵引梁的车钩箱内。

任务目标

1. 掌握牵引缓冲装置的安装和传力。
2. 掌握车钩复原装置作用原理。

任务实施

牵引缓冲装置由车钩、缓冲器、钩尾框、从板等零部件组成。通过钩尾销把车钩和钩尾框连成一个整体，前、后从板及缓冲器卡装在钩尾框的前、后从板座之间，下部靠钩尾框托板及钩体托梁或复原装置托住，一起安装在底架的牵引梁内，具体安装位置关系如图 5-21 所示。

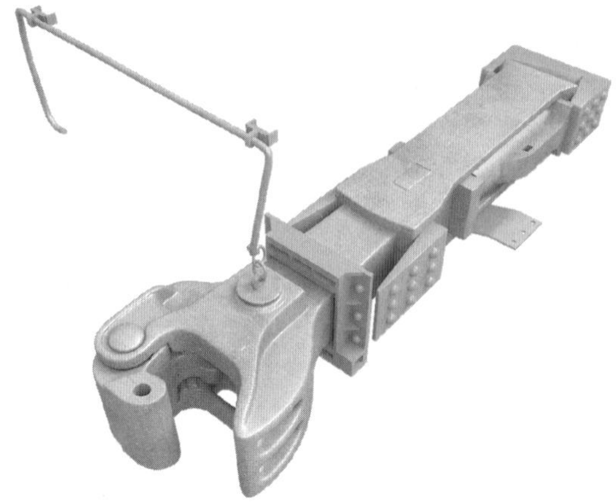

图 5-21　车钩与缓冲器安装位置关系

5.3.1　牵引缓冲装置纵向力的传递

1. 牵引运行

牵引运行时，作用力的传力顺序为：钩头→钩体→钩尾销→钩尾框→后从板→缓冲器→前从板→前牵从板座→牵引梁，如图 5-22 所示。

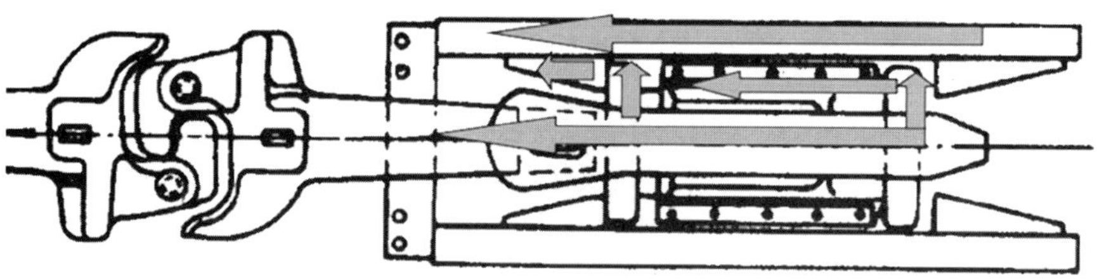

图 5-22　牵引运行时的纵向力传递

2. 推进运行

推进运行时，作用力的传力顺序为：钩头→钩体→钩尾销→钩尾框→前从板→缓冲器→后从板→后从板座→牵引梁，如图 5-23 所示。

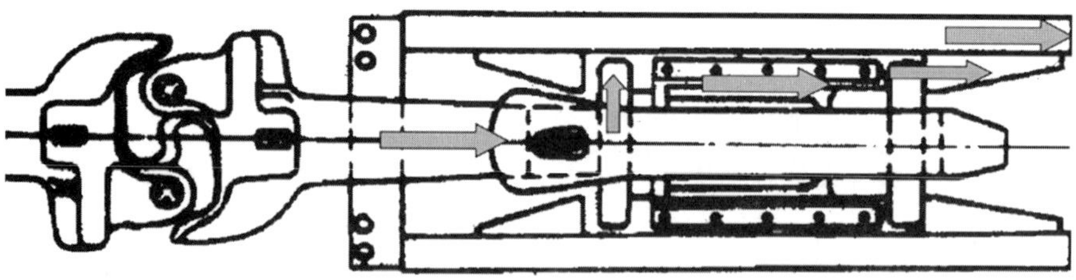

图 5-23　推进运行时的纵向力传递

通过牵引缓冲装置纵向力的传递途径可知，牵引缓冲装置无论是在牵引运行还是推进运行中，机车的纵向力都是通过压缩缓冲器来传递的，这样就能保证缓冲器充分发挥缓冲作用，缓和减轻了纵向冲击振动，改善了运行品质。

为了保证机车和车辆之间连挂的安全和可靠，同时考虑到牵引缓冲装置安装的互换性，我国机车管理部门规定：牵引缓冲器装车后，在空车状态下其车钩钩舌的水平中心线距轨面的高度为（880±10）mm，两相邻车辆的车钩水平中心线最大高度差不得超过75 mm。如果不符合这一规定，可在钩尾框托板上加垫或改变冲击座下方吊杆装置均衡梁上的磨耗板厚度来进行调整，必要时也可稍微改变吊杆头上的垫板厚度来调整车钩高度，垫板最大厚度不超过10 mm。

5.3.2　车钩复原装置

列车曲线运行时，车钩中心线与车体中心线之间必将产生一个偏角，即车钩要产生左右摆动。为了能使大型车体通过曲线半径为145 m的S形曲线和满足在弯道上挂车的需要，除在牵引梁中间开有较宽的钩门外，还要使钩体在尾框内能左右摆动，其偏转角单侧应不小于17°（13号车钩为14°）。同时，为使已偏倚的车钩能及时恢复正常位置，避免车钩左右任意摆动不稳，减小摘挂时的困难，在车钩钩头的后面，钩身的下部设置了车钩复原装置。

1. 弹簧式复原装置

弹簧式复原装置由钩身托板、复原弹簧托、复原弹簧鞍、复原弹簧和垫板等零件组成，如图5-24所示。车钩钩身坐落在复原弹簧鞍内。当车钩偏移时，弹簧鞍压缩下部一侧的弹簧垫板及弹簧，此时弹簧的复原力就可使弹簧鞍恢复到正位，起复原作用。

2. 吊杆式复原装置

吊杆式复原装置由摆块、摆块吊杆及冲击座等组成。钩身卡在摆块上，摆块两端支承在吊杆下，如图5-24所示。当车钩向一侧偏移时，车钩本身重力的水平分力将使自身和摆块恢复到原来的正常位置，增加了车钩摆动的灵活性，增强了车钩的复原能力。这种吊杆式复原装置结构简单、很少有磨损，所以被标准化并得到广泛应用。SS_4改型、HXD_3型电力机车均采用吊杆式复原装置。

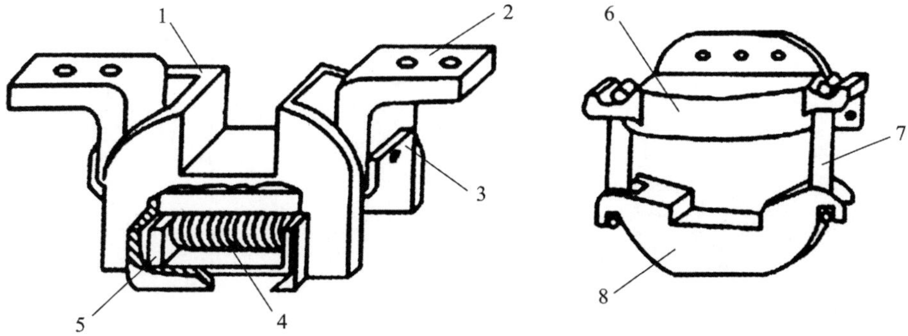

1—复原弹簧鞍；2—钩身托板；3—复原弹簧托；4—复原弹簧；5—垫板；6—冲击座；7—摆块吊杆；8—摆块。

图5-24　车钩复原装置

任务考核

1. 车钩和缓冲器如何传递纵向力？
2. 车钩复原装置有哪些类型？简述各自的组成原理。

巩固练习

1.【判断题】自动车钩具有自动连挂和摘钩的性能（　）。

2.【判断题】刚性车钩连挂后，两车钩纵轴线如果存在高度差，两车钩呈阶梯形状（　）。

3.【判断题】刚性车钩运行平稳，强度高，磨耗小（　）。

4.【判断题】一般铁路机车车辆常采用非刚性车钩（　）。

5.【判断题】闭锁位置是车钩连挂好以后的状态（　）。

6.【判断题】开锁位置是一种闭而不锁的状态，没有实际的作用（　）。

7.【判断题】全开位置是钩舌完全张开的状态（　）。

8.【判断题】相互连挂的两个车钩，都必须处于全开位置（　）。

9.【判断题】采用非刚性车钩，两个相互连挂的车钩中心线距轨面高度差最大为 85 mm（　）。

10.【判断题】缓冲器达到行程时，外力继续增加会使缓冲器进一步压缩（　）。

11.【判断题】容量表明了缓冲器吸收冲击的能力（　）。

12.【判断题】能量吸收率表明了缓冲器缓冲能力的大小（　）。

13.【判断题】我国电力机车普遍采用弹簧式车钩复原装置（　）。

14.【判断题】闭锁位车钩钩舌开度为 220 ~ 250 mm（　）。

15.【判断题】缓冲器只有在传递牵引力时才被压缩而发挥作用（　）。

16.【判断题】曲线运行时，如果车钩中心线和车体中心线之间产生偏角，则必须维修，否则禁止使用（　）。

17.【判断题】车钩在闭锁位时，钩锁铁向上活动量为 0（　）。

18.【填空题】我国统一规定车钩中心线距轨面的高度为（　　）~（　　）mm。（答案不需要加单位，只填数字）。

19.【填空题】两车钩连挂后，其中心差不超过（　　）mm（答案不需要加单位）。

项目6

电力机车通风系统和空气管路系统认知

项目简介

通风系统是构成电力机车的一个非常重要的系统，它的功用是对机车上一些需要强迫冷却的电气设备进行通风冷却；空气管路系统即风力系统，主要由风源系统、控制管路系统、辅助管路系统和制动机管路系统组成，本模块介绍电力机车通风系统的结构、组成、作用及 SS_4 改和 HXD_3 型电力机车通风冷却的通路，以及制动机管路系统以外的空气管路系统。

项目教学目标

✓ 知识目标

1. 熟悉 SS_4 改和 HXD_3 型电力机车通风系统的基本组成、结构、特点和通风通路。
2. 熟悉风源系统的作用、组成、工作通路和日常维护。
3. 熟悉控制管路系统和辅助管路系统的作用、组成和工作通路。

✓ 技能目标

1. 能认识真实机车上的通风机类型，且熟知其特点。
2. 能认识真实机车上空气管路系统中的主要部件。

✓ 素质目标

1. 培养学生的质量意识、环保意识和安全意识。
2. 培养学生敬业、精益、专注和创新的工匠精神。

课时建议

6 课时。

认识电力机车的通风系统微课视频扫码观看

任务 6.1　电力机车通风系统的认知

任务描述

通风系统是电力机车中一个非常重要的系统，它担负着牵引电机、主变压器、主辅变流器、制动电阻等重要部件的通风冷却工作，以保证其正常工作。

任务目标

1. 掌握通风系统的作用和通风方式。
2. 掌握通风机的类型和特点。
3. 熟悉 SS_4 改和 HXD_3 型电力机车通风系统的组成和工作通路。

任务实施

机车上电气设备很多，机车空间又十分有限，因此机车通风装置通常数量较少（往往面临一台通风设备冷却多台电气设备的情况，常采用通风支路和进出风口两种方式），如图 6-1 所示。机车通风装置要求能充分利用有限的风源，且进风速度低，减少尘埃侵入；同时还要求风道短、弯道少且圆滑过渡，减少风压损失。

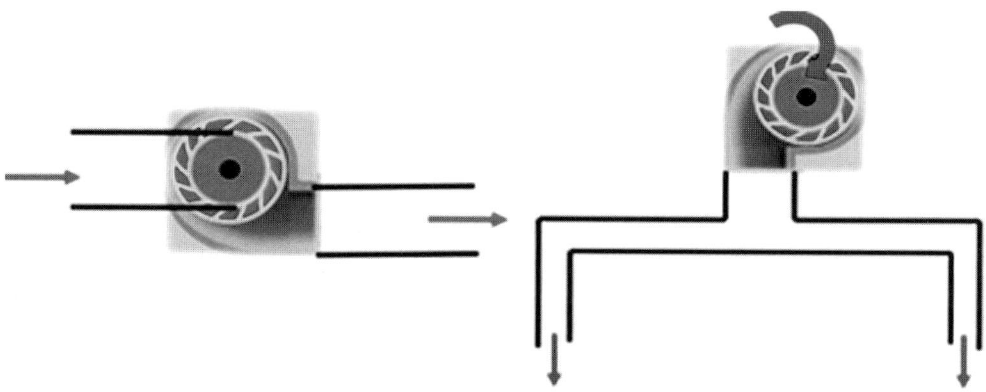

图 6-1　利用进出风口和通风支路冷却

机车通风系统按类别不同可分为自然通风和强制通风两类，按方式不同可分为车体通风（车外空气由侧墙吸入车体内，再自行分配进入各风道）和独立通风（设置专用风道，便于集中去尘）两种。车体通风（SS_4 改型电力机车）和独立通风（HXD_3 型电力机车）两种方式既可以单独采用，也可以混合采用（SS_9 0001 ~ 0043 型电力机车）。

6.1.1　通风机类型

在电力机车通风系统中，经常采用的通风机有离心式和轴流式两种类型。

1. 离心式通风机

离心式通风机也称鼓风机，主要包括蜗壳状的壳体和叶轮，如图 6-2 所示。

叶轮装在蜗壳内，叶轮轴由电机驱动。当叶轮在蜗壳内作高速旋转时，叶片间的空气也被迫作高速旋转，在离心力的作用下，空气会沿叶轮甩出来，以一定速度沿蜗壳进入风道。由于叶轮间形成真空，外界空气从叶轮轴进风口不断被吸入，流进截面渐扩的蜗壳通道，把空气的流速转变为压强，使风道的风压得到升高。

这种通风机的特点是：风压较大，出风体积大，风力比较集中，可以比较远距离地送风（即风道长）；可经过蜗壳改变风路（轴向流入、径向流出）；通风机体积较大（蜗壳及风道占有较大的空间）；转速、效率也较低（受叶轮形状的影响）。

图 6-2　离心式通风机示意图

2. 轴流式通风机

轴流式通风机也称风扇，叶轮轴与风道平行（也可不设风道），如图 6-3 所示。

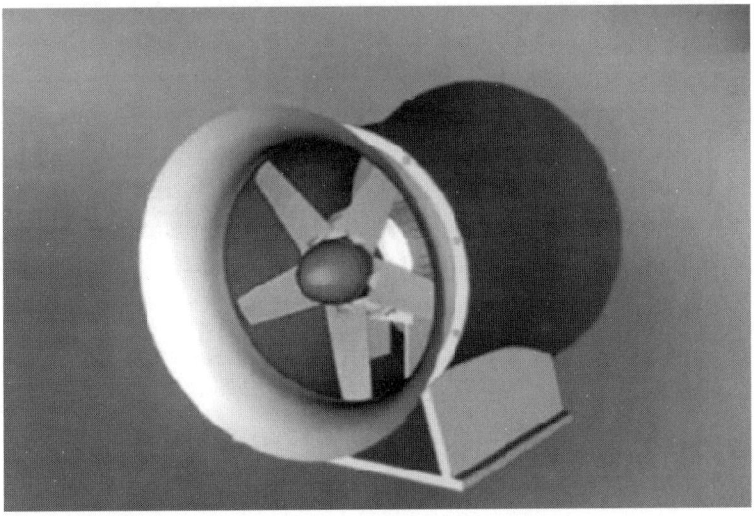

图 6-3　轴流式通风机示意图

叶轮在电机驱动下高速旋转，由于叶片有一定的斜度，会形成空气的轴向流动，叶轮背面形成真空，外界空气不断补入。

该通风机的特点是：空气轴向流入、轴向流出，风压小，风力较分散，不适合远距离送风，出风体积小；但转速、效率较高。

两类通风机在电力机车通风系统中均被采用。对于一些距离车体较远的设备（如牵引电机），通常采用离心式通风机冷却，一些设备因位置局限（如制动电阻柜），则通常采用轴流式通风机冷却。

6.1.2 SS_4 改型电力机车通风系统

SS_4 改型电力机车采用车体通风方式，每节车分为三大通风系统：牵引通风系统、制动通风系统和主变压器通风系统，采用 2 台离心式通风机和 3 台轴流式通风机。SS_4 改型电力机车通风系统示意图如图 6-4 所示。

SS_4 型电力机车通风系统采用双侧走廊侧墙大面积双层 V 形铝合金百叶窗进风，其过滤器采用耐冲洗度更高的无纺合成棉材料。

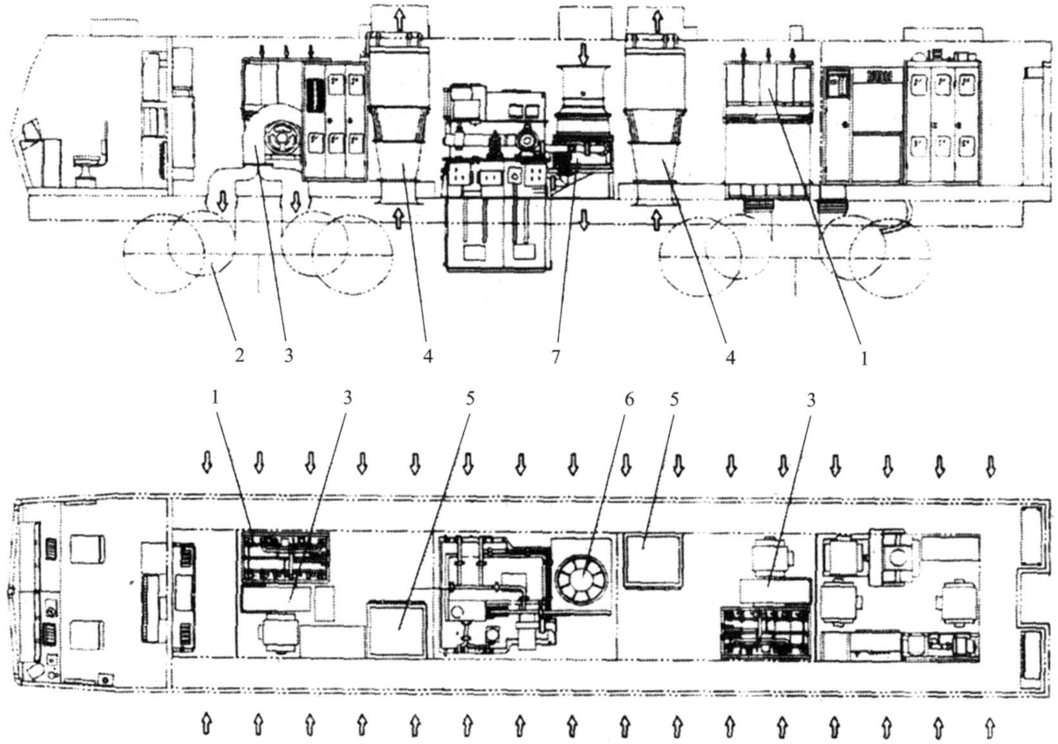

1—主变流装置；2—牵引电机；3—牵引通风机；4—制动风机；5—制动电阻柜；6—变压器风机；7—变压器油散热器。

图 6-4 SS_4 改型电力机车通风系统示意图

SS_4 改型电力机车通风系统具体通风通路如下。

1. 牵引通风系统

每节机车的牵引通风系统由两个独立且完全相同的通风支路组成，冷却对象为牵引电机、整流硅机组和 PFC 电容柜，使用离心式通风机（每节机车 2 台）。其冷却通路为：

车外冷空气→侧墙百叶窗→滤尘网→1 号（2 号）硅机组→1 号（2 号）PFC 电容

柜→1 号（2 号）牵引通风机→1、2 位（3、4 位）牵引电动机→车底大气。

2. 制动通风系统

制动通风系统在每节机车中有两个独立且完全相同的通风支路，冷却对象为制动电阻柜，使用轴流式通风机（每节机车 2 台）。其冷却通路为：

车底冷空气→进风口（不过滤）→Ⅰ（Ⅱ）端制动通风机→风道→I（Ⅱ）端制动电阻柜→车顶百叶窗→大气。

3. 主变压器通风系统

主变压器通风系统仅有一个通风支路，冷却对象为主变压器和平波电抗器（两者共用同一个油箱），采用轴流式通风机（每节机车 1 台），其冷却通路为：

车外冷空气→侧墙百叶窗→滤尘网→主变压器油散热器→主变压器通风机→车顶百叶窗→车顶大气。

HXD_3 型机车通风系统微课视频扫码观看

6.1.3 HXD_3 型电力机车通风系统

HXD_3 型电力机车强电设备的工作电流和电压都较大，如主变压器、牵引变流器、牵引电动机等都需要采用强迫冷却，使这些强电设备工作中产生的大量热量经空气强制循环，散发到大气中，使工作温升不超过允许值，从而保证机车正常可靠地工作。另外，冷却系统还包括机车司机室空调换气装置，该装置能给司乘人员提供一个舒适的工作环境。机车采用独立通风系统，按机车纵向中心线斜对称布置在机车中间走廊两侧。司机室通风系统布置在两端司机室顶部，其他通风系统都有各自相对独立的通风部件和管道，各风路系统相互间不影响，进风量均匀，不需进行风量再分配。

1. 复合冷却通风系统

为简化机车冷却系统，将冷却主变流器的水散热器和冷却主变压器的油散热器共同制成一个整体的冷却器（上部为水散热器、下部为油散热器），称为复合冷却器，如图 6-4 所示。

它们共用一台复合冷却通风机组来冷却。每台机车安装 2 台具有全铝合金板翅式结构的复合冷却器，相应的每台机车有 2 套复合冷却系统，斜对称布置在机车中心线两侧，每套系统负责对一台牵引变流器的水（纯水加乙二醇混合液）和主变压器的油（1/2 油）进行冷却，如图 6-5 所示。

由 2 台复合冷却风机组等部件组成的复合冷却通风系统分别对 2 台复合冷却器进行冷却，冷却空气由车顶滤网经过进风道进入复合冷却通风机组，再经过异径风道进入复合冷却器对油、水进行冷却，然后从车底部排入大气中，如图 6-6 所示。

图 6-4　复合冷却器

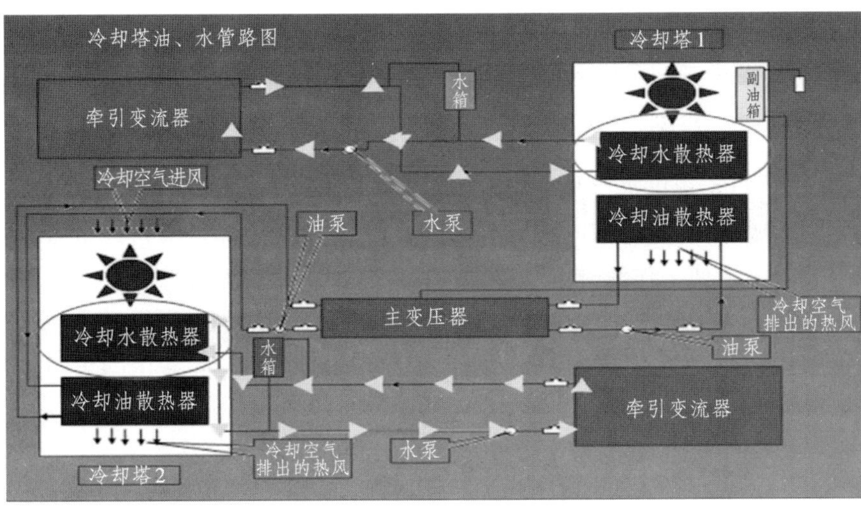

图 6-5　复合冷却器油水管路

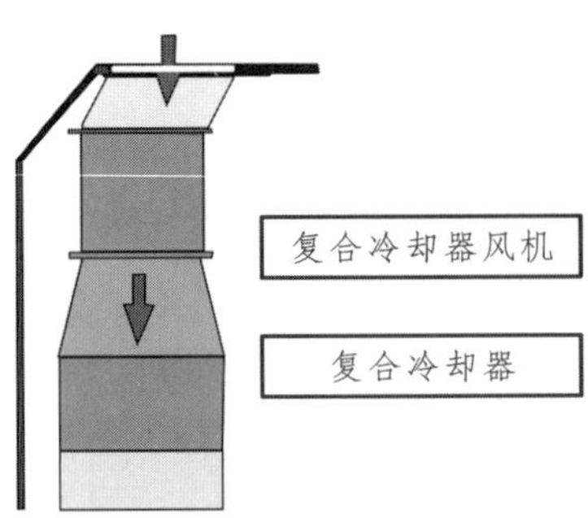

图 6-6　复合冷却器通风支路冷却空气走向

复合冷却器通风支路的冷却空气走向如下：

车外空气→滤网→复合冷却器风机组→异径风道→复合冷却器→车底大气。

2. 牵引电机通风系统

由 6 台牵引风机组等部件组成的牵引电机通风冷却系统分别对 6 台牵引电机进行冷却，机车可拆卸顶盖的夹层作为进风道，大气通过百叶窗、顶盖夹层进入牵引通风机组，再经风道内的惯性过滤器进入牵引电机，对电机进行冷却，然后排向车外大气。通过惯性过滤器的冷却空气还有两个支路，一个支路是经过自动排尘装置排入大气，另一个支路是经过牵引通风机底座的风道侧旁风口，通过金属过滤网向车内排风，以确保机械间内空气的清洁，并在机械间内形成对流，及时带走机械间各电气部件散发的热量，有效地降低机械间温度，如图 6-7 所示。

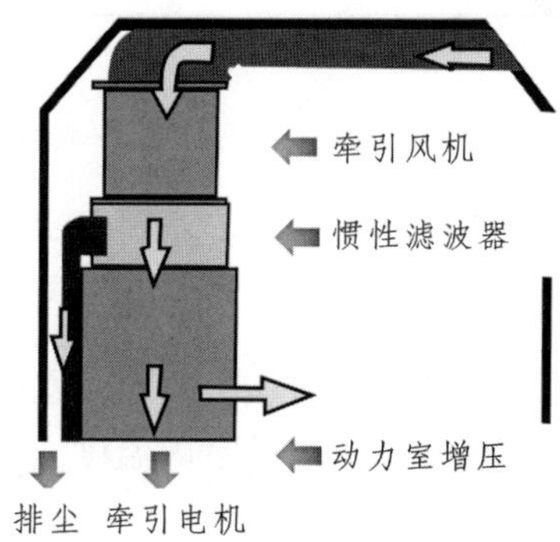

图 6-7　牵引通风支路冷却空气走向

牵引通风支路的冷却空气走向如下：

车外空气→百叶窗→夹层风道→弯管→牵引通风机组→

→惯性过滤器→牵引风机底座→车体风道→牵引电机→车底大气。

排尘器→车外　　　　旁风口→过滤网→机车内→车体出风口→车外

3. 辅助变流器通风系统

机车具有 2 台辅助变流器装置，分别安装在 2 台牵引变流装置柜内，具有各自独立的通风冷却系统，冷却空气由车顶侧滤网进入辅助变流器装置柜进风口后，经柜内通道、离心通风机、散热原件到柜排风口，然后从车底排入大气，如图 6-8 所示。

辅助变流器通风支路的冷却空气走向如下：

车外空气→车顶滤网→辅助变流器装置柜进风口→通道→离心通风机→各散热元件→风道→柜出风口→车底大气。

4. 司机室通风系统

司机室通风系统采用顶置单元式空调机组，被安装在机车Ⅰ、Ⅱ端司机室顶部。

（1）司机室降温通风支路。

司机室内的循环空气由空调机组内的通风机组经过装有滤尘网的回风道吸入，再通过空调机组内的蒸发器进行冷却，冷却后的空气经过出风口处的可调出风栅送入司机室内，使司机室内温度降低。

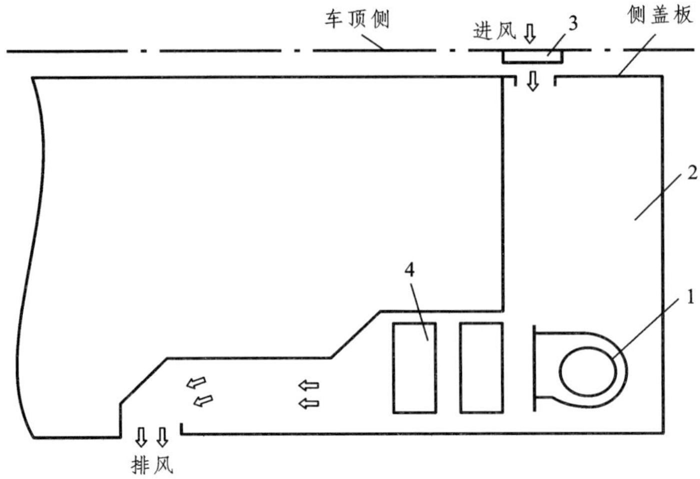

1—通风机；2—通道；3—滤网；4—散热片。

图 6-8　辅助变流器通风支路冷却空气走向

（2）司机室升温通风支路。

司机室内的循环空气被空调机组内的通风机吸入，通过空调机组内的电加热器加热，被加热的空气由通风机送入司机室内，使司机室内温度上升。

5. 机械间及卫生间通风系统

平时由牵引通风系统排入机械间的空气使机车车内形成正压，部分空气通过空气压缩机工作后排出车体外，而在夏季，车内部分空气则通过车顶排气口排出车外。机车内设有一个卫生间，其通风路径为车内空气经卫生间门下的透气口进入卫生间内，再经卫生间顶棚电动风扇将空气从车顶排风口排入大气。

任务考核

1. 通风机有哪些类型？各自有何特点？
2. 简述 SS_4 改和 HXD_3 型电力机车的通风系统冷却空气走向。

任务 6.2　电力机车空气管路系统的认知

任务描述

机车空气管路系统控制着机车的制动、防滑、升降弓、分合主断路器、撒砂等多个环节，直接关系到机车的运行安全，是机车的重要组成部分之一。

任务目标

1. 掌握空气管路系统的组成和作用。
2. 熟悉 SS_4 改和 HXD_3 型电力机车空气管路系统的组成和工作通路。

任务实施

6.2.1 空气管路系统的组成及作用

机车空气管路系统一般按照功能分为风源系统、制动机管路系统、控制管路系统和辅助管路系统四大部分。

1. 风源系统

风源系统负责生产并提供全车气动器械及机车、列车制动系统所需的高质量的洁净和稳定的压缩空气。

2. 制动系统

制动机管路系统是空气制动机的管路设施。

3. 控制管路系统

控制管路系统用于控制机车上各种控制设备工作，以保证机车的正常运行。

4. 辅助管路系统

辅助管路系统给机车各辅助设备包括撒砂器、风笛、挂雨器、轮缘润滑装置等提供压缩空气，使其正常工作，以保证机车的正常运行。

SS_4改型电力机车空气管路系统微课视频扫码观看

6.2.2 SS_4改型电力机车空气管路系统

SS_4改型电力机车由两节完全相同的机车组成，两节机车的空气管路系统完全相同。

1. 风源系统

风源系统的运作可分为压缩空气的生产、压缩空气的控制、压缩空气的净化处理、压缩空气的储存以及总风的重联等 5 个环节。风源系统由主空气压缩机组、空气干燥器、压力控制器、总风缸止回阀、逆流止回阀、高压安全阀、启动电空阀、总风缸软管连接器、总风折角塞门、排水阀塞门和连接钢管等组成。SS_4改型电力机车单节机车的风源系统管路原理图如图 6-9 所示。

（1）空气压缩机组。

空气压缩机组包括空气压缩机及其驱动电动机。其功用是制造压缩空气，可靠地供给制动装置及机车辅助设备。

每单节机车由一台生产量为 3 m^3/min 的 VF-3/9 型空气压缩机 43 负责产生压缩空气，运行中如果出现压缩机组故障，可通过另一节机车上的压缩机组继续维持运行。

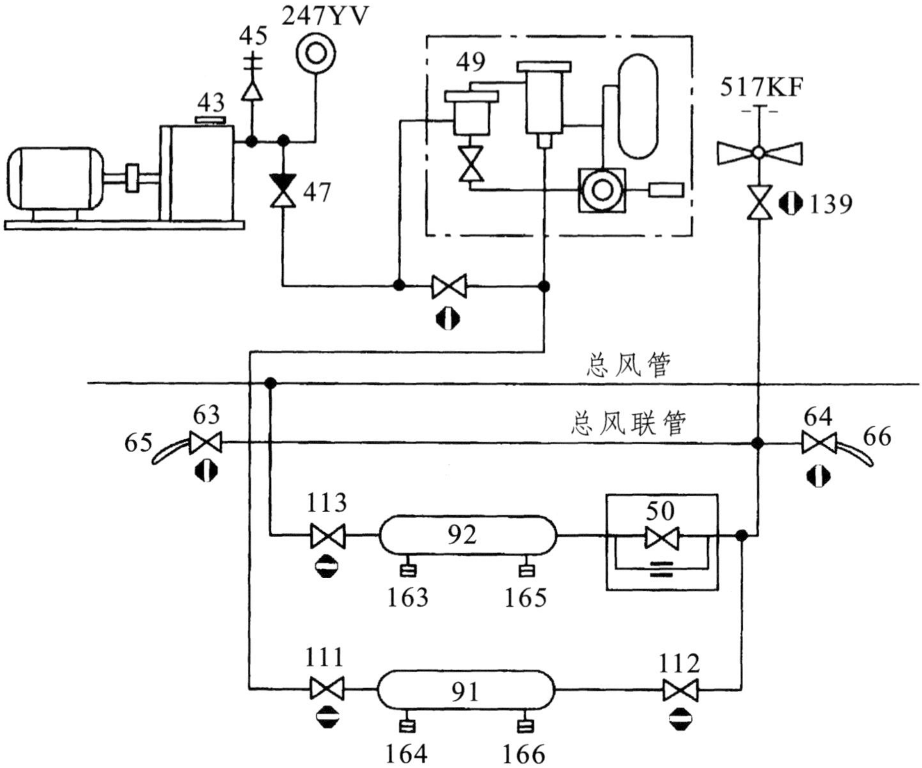

43—空气压缩机；45—高压安全阀；47—止回阀；49—空气干燥器；50—逆流止回阀；63，64—总风折角塞门；65，66—总风软管连接器；91，92—第一、第二总风缸；111，112，113，139—塞门；163～166—排水阀；247YV—启动电空阀；517KF—压力控制器。

图 6-9　SS_4改型电力机车风源系统管路原理图

（2）总风缸。

总风缸又称主风缸。其功用是储存压缩后的压缩空气，供各部位使用。机车上必须配备容量足够大的总风缸。工作中，总风缸内的压缩空气经总风缸管送至制动机系统、控制气路系统和辅助气路系统供使用。

压缩空气进入两个串联的总风缸内贮存。第一总风缸 91 容积为 290 L，第二总风缸 92 容积为 612 L；机车入库后关闭塞门 111、113，保存总风缸压力空气；机车无火回送时，关闭塞门 112，缩短列车充风时间；应定期打开排水阀 163～166，检查和排除总风缸的积水。

（3）空气压力控制器。

空气压力控制器又称空气压力调节器。在韶山 4 改型电力机车上采用 YWK-50-C 型，代号 517KF。压力控制器的功用是控制空气压缩机的工作，使总风缸内经常保持一定范围的压力。当总风缸空气压力达到最大规定值时，自动切断空气压缩机中电动机的电源电路，空气压缩机停止工作；当总风缸空气压力低于最小规定值时，自动闭合空气压缩机中电动机的电源电路，空气压缩机恢复打风。

压力控制器故障时，可通过塞门 139 切除，司机可利用强泵风按钮操纵主压缩机的启动与停转。

（4）空气干燥器。

空气干燥器主要用于去除主压缩机组产生的压缩空气中的油、水、尘埃及机械杂质等杂物。经过净化的空气，可避免机车车辆空气管系发生冻结和锈蚀现象等。

由空气处理量为 3 ~ 5 m^3/min 的 DJKG-A 型干燥器完成。主压缩机组生产的压力空气经过一段较长的冷却管后进入干燥器，在干燥器的滤清筒、干燥筒内进行干燥净化处理后进入总风缸内贮存。

（5）启动电空阀。

启动电空阀的主要作用是在压缩机组开始启动时，排出风管中的压缩空气，以消除启动时压缩机气缸内的气体背压，保证压缩机的正常启动，用于减小主压缩机组在启动过程中的启动负载。

（6）止回阀。

止回阀或逆流止回阀主要用于限制压力空气的流动方向，以防止压力空气向主空气压缩机气缸内逆流或防止压力空气逆流到无负荷启动电空阀排入大气。

（7）总风重联。

第一总风缸内的压缩空气一路经逆流止回阀 50 进入第二总风缸供本节机车使用，另一路经总风联管、总风折角塞门 63 或 64、总风软管连接器 65 或 66 进入另一台重联机车，使所有重联机车的总风缸连通。

风源管路系统工作通路如图 6-10 所示。

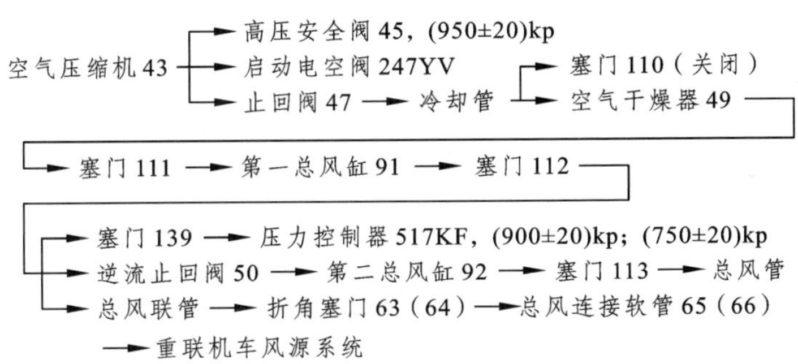

图 6-10　SS_4 改型电力机车风源管路系统工作通路

2. 控制管路系统

SS_4 改型电力机车控制管路系统主要向以下设备提供压缩空气（管路系统原理如图 6-11 所示）：

（1）主断路器：主断路器的分合闸动作主要由压缩空气控制。

（2）受电弓：受电弓的升起和状态保持，需要压缩空气来完成。

（3）门联锁阀：受电弓升起时，依靠压缩空气把带有高压电的机器间门插上，以防止乘务人员误入而危及安全。

（4）高压电器柜：高压电器柜内的转换开关、电空接触器的动作依靠压缩空气来实现转换。

SS_4 改型电力机车控制管路系统包括以下三种工况。

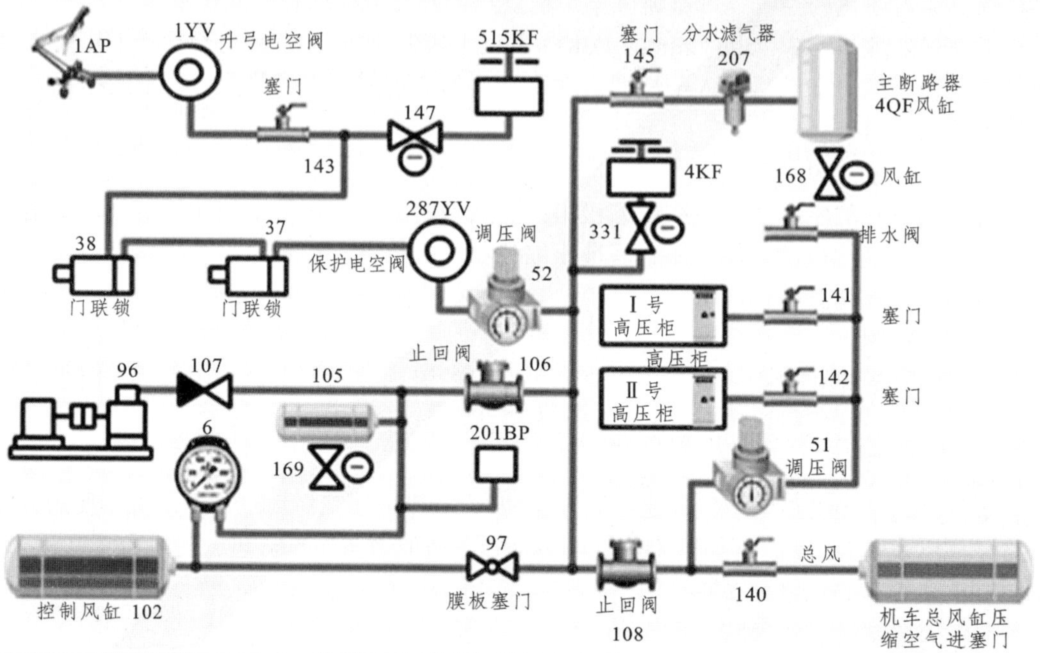

1AP—受电弓；1YV—升弓电空阀；4QF—主断路器；6—双针风压表；37、38—门联锁阀；51、52—调压阀；96—辅助压缩机；97—膜板塞门；102—控制风缸；105—辅助风缸；106、107、108—止回阀；140～143、145～147—塞门；168、169—排水塞门；207—分水滤气器；287YV—保护电空阀；515KF—风压继电器；201BP—压力传感器；4KF—风压继电器；331—塞门。

注：4KF 与 331 只在部分机车上安装使用

图 6-11 SS_4 改型机车控制管路系统原理图

（1）正常运用时的总风缸供风。

SS_4 改型机车控制管路系统——总风缸供风动画扫码观看

机车正常运行时，由总风缸向控制管路系统供风。总风缸压缩空气经塞门 140，一路经调压阀 51 将总风压力调至 500 kPa 后经塞门 141、142 供给Ⅰ、Ⅱ号高压柜，并经塞门 146 供给机车吹扫用风；另一路经止回阀 108 分为 4 路：一路经止回阀 106 截止；一路经膜板塞门 97 进入控制风缸 102 内储存；一路经塞门 145，经分水滤气器 207 再次净化后向主断路器 4QF 风缸供风，第四路经调压阀 52 调整至 500 kPa，再经保护电空阀 287YV、门联锁阀 37、38 和塞门 143 进入升弓电空阀 1YV，在电空阀得电后，进入受电弓气缸 1AP，使受电弓升起。具体工作通路如图 6-12 所示。

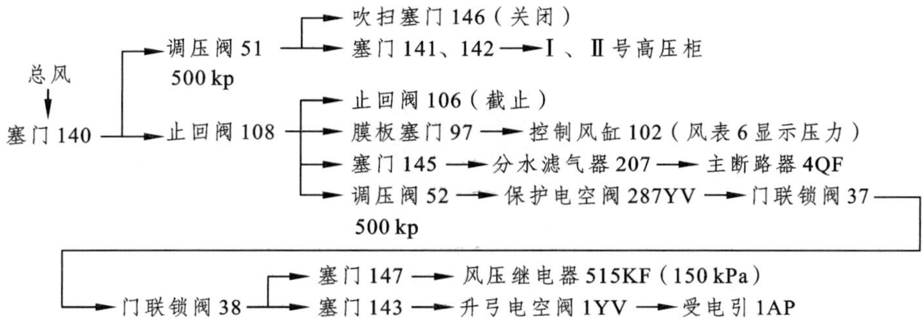

图 6-12　正常运用时的总风缸供风的工作通路

若在升弓时，任一高压室或变压器室门没有关好，则门联锁阀 37、38 不能开放升弓通路，压缩空气不能进入受电弓。同时若非操纵节门没有关好，由于压缩空气不能进入，安装在门联锁阀 38 后的风压继电器 515KF 将切断本务机车的升弓控制电路。当受电弓升起后，保护电空阀 287YV 将保持得电，门联锁阀 37、38 内压缩空气不能排出，高压室及变压器室隔门均不能打开，必须降弓并使保护电空阀 287YV 失电后，才能打开这些门，这样就保证了人与高压区的隔离。如果风压继电器 515KF 故障，可通过塞门 147 切除。

压缩空气由风缸经保护电空阀 287YV 送到门联锁阀时，由于保护电空阀 287YV 就是一个闭式电空阀，只要线圈有电（无论交流还是直流供电）就能使电空阀保持开启状态，保证供给门联锁阀压缩空气。由于有风压，只要门联锁阀紧紧地插好插销，变压室和高压室的门就不能被打开。同时开启了压缩空气去升弓电空阀 1YV 的通路，此时司机按下升弓按钮，升弓电空阀 1YV 线圈得电，升弓电空阀 1YV 开启，压缩空气即进入升弓风缸，受电弓升起。机车在受电弓升状态时由于保护电空阀 287YV 线圈的交流线圈通过零压保护整流器整流，使电空阀 287YV 始终处于得电状态，门联锁阀通路保持开通闭锁状态，从而保证了高压室和变压室门不能打开，确保了人身安全，原理如图 6-13 所示。

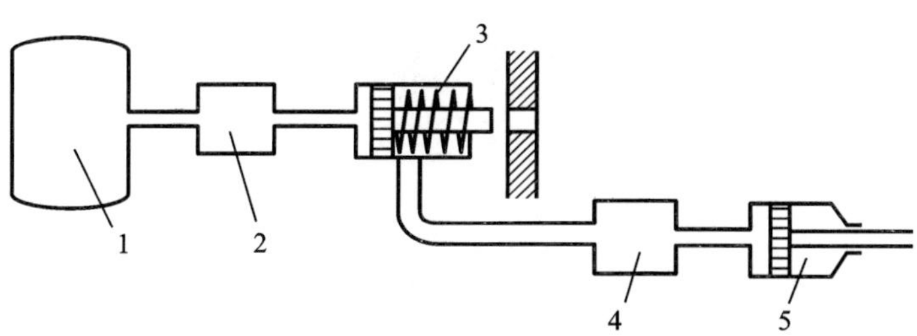

图 6-13　门联锁阀、保护电空阀配合原理

设置控制风缸 102 的目的是在分合闸操作而引起的压力波动时，稳定控制系统管路内的风压。

止回阀 108、107、106，是为了防止控制系统压缩空气逆流，同时替代换向阀实现风源转换而设置的。

在机车停放前，应将控制风缸内的压缩空气充气至大于 900 kPa，然后关闭膜板塞门 97，已备机车再次使用时的升弓、合闸操作。

使用中还应定期开放主断路器风缸下方的排水阀 168，排除风缸内积水。

（2）库停后的控制风缸供风。

SS$_4$改型机车控制管路系统——控制风缸供风动画扫码观看

机车停放后重新运行时，如果总风缸风压因泄漏而低于主断路器分合闸所需的最低工作压力 450 kPa，而控制风缸 102 内压大于 700 kPa（控制风缸内的风压可以通过管路柜上双针风压表 6 观察），可打开膜板塞门 97，利用控制风缸内储存的压缩空气进行升弓及合闸操作，但此时高压柜内没有压缩空气。升弓合闸后，应立即启动压缩机组打风，尽快恢复正常运用工况，由总风缸供风。

控制风缸 102 内储存的压缩空气，经开放的膜板塞门 97 后分四路：一路被止回阀 108 截止，不能进入总风缸；一路被止回阀 106 截止，不能进入辅助风缸；另一路经塞门 145、分水滤气器 207 进入主断路器 4QF 风缸，供机车分、合闸使用；最后一路经调压阀 52、保护电空阀 287YV，去往受电弓，与前面所述相同。控制风缸供风时的工作通路如图 6-14 所示。

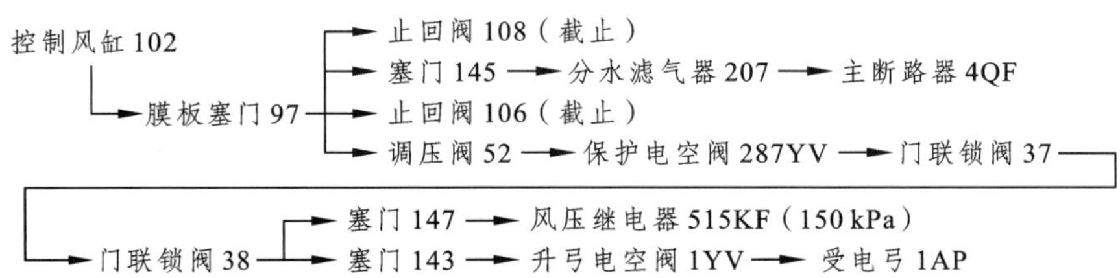

图 6-14　库停后控制风缸供风的工作通路

（3）库停后的辅助压缩机供风。

SS$_4$改型机车控制管路系统——辅助压缩机供风动画扫码观看

机车库停放后，再次投入使用时，如果总风缸和控制风缸的风压均低于主断路器合闸所需要的最低工作压力 450 kPa，则需要启动辅助压缩机组打风进行升弓以及合闸操作。

辅助压缩机是由机车蓄电池供电，小型直流电动机驱动。为了减轻辅助压缩机 96 的工作负担，应在启动辅助压缩机组前，关闭膜板塞门 97，切除控制风缸 102。当辅助压缩机打风使辅助风缸 105 内压力大于 600 kPa，可边打风边升弓，合闸。完毕后，应立即启动主压缩机组打风，在总风缸压力大于 450 kPa 后，停止辅助压缩机工作。

辅助压缩机 96 产生的压缩空气首先经止回阀 107 后，一路进入辅助风缸 105，辅助风缸内的风压既可以通过管路柜上的双针风压表 6 显示，同时也可以通过压力传感器 201BP 和司机室内电测压力表 21SP 显示；另一路再经止回阀 106 后，一路被止回阀 108 截止，一路被关闭的膜板塞门 97 截止，另一路经塞门 145 进入主断路器 4QF 风缸，最后一路经调压阀 52 进入升弓通路，去往受电弓，原理如前所述。辅助压缩机供风时的工作通路如图 6-15 所示。

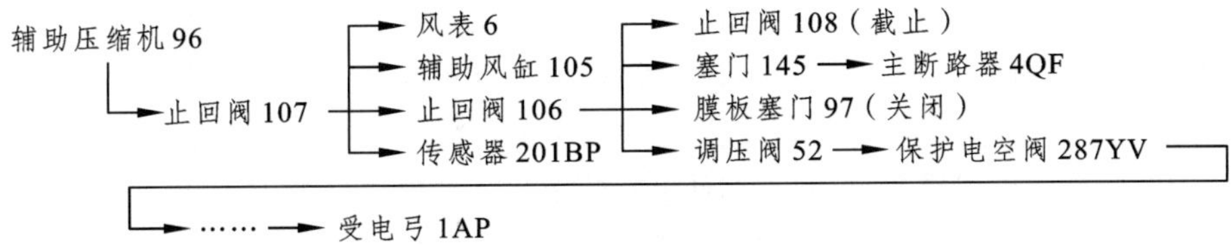

图 6-15　库停后辅助压缩机供风的工作通路

辅助风缸在此工况下，一方面起稳定、储存压缩空气的作用，另一方面对辅助压缩机产生的压缩空气进行冷却，故每次使用辅助压缩机后，应打开辅助风缸下方排水塞门 169 排放积水。

在操作中应注意关闭辅助压缩机的时机，在主压缩机组打风，总风缸压力低于 450 kPa 时，不可停止辅助压缩机工作，否则将使已经升起的受电弓降下，主断路器跳闸。另外，由于两节机车辅助压缩机技术指标的差异和管路的泄漏量不同，使用中打风速度不一致。在运用中应注意时刻观察，以防止其中一节机车辅助风缸压力超高。

3. 辅助管路系统

辅助管路系统用以改善机车运行条件，确保行车安全。主要由撒砂器、风喇叭和雨刮器等辅助受控装置及其控制部件组成。由总风缸提供压缩空气，各受控装置前均设有塞门。在某个受控装置发生故障时，可将相应的塞门关闭，切除风源。SS_4 改型机车单节机车辅助管路系统原理如图 6-16 所示。

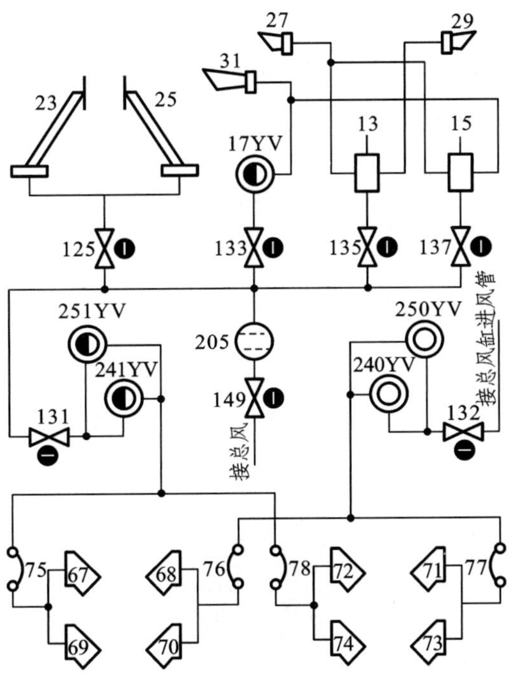

13、15—手动喇叭控制阀；17YV—喇叭电空阀；23、25—刮雨器；27、29—高音喇叭；31—低音喇叭；
75 ~ 78—撒砂连接软管；67 ~ 74—撒砂器；125、131 ~ 133、135、137、149—塞门；
205—分水滤气器；240YV、241YY、250YV、251YV—撒砂电空阀。

图 6-16　SS_4 改型机车辅助管路系统原理图

（1）风喇叭。

风喇叭是机车运行中发出警告和进行信号联络的必备设施。SS_4 改型电力机车单节机车共设置了 3 个风喇叭：一个为向前高音喇叭 27，一个为向后高音喇叭 29，还有一个为向前低音喇叭 31。它们安装在司机室顶盖左右两侧，分别由正、副司机台上的手动风喇叭控制阀 13、15 和正司机台面下的脚踏开关控制，高低音喇叭的结构基本相同，不同的是高音喇叭比低音喇叭简短一些，因此它们发出的声音频率不同。

当正司机台手动风喇叭控制阀 13 向前推时，向前高音喇叭 27 发出声音：向后拉时，向后高音喇叭 29 发出声音。同样，副司机台手动风喇叭控制阀 15 向前推时，向前高音喇叭 27 发出声音；向后拉时，向前低音喇叭 31 发出声音。如果踏下脚踏开关，喇叭电空阀 17YV 电源接通，总风经喇叭电空阀 17YV 下阀口进入向前低音喇叭 31，向前低音喇叭 31 发出声音。

（2）刮雨器。

刮雨器是为了刮去司机室前窗玻璃上的雨、雪、水珠，便于司机瞭望，确保行车安全而设置的。在司机室两侧前窗各装有一套风动双杆刮雨器 23 和 25。通过调节进气阀口的供气量大小，从而启动或停止刮雨器的摆动，并调节刮雨器雨刷的摆动速度。

（3）撒砂装置。

撒砂装置是为向轨面撒砂增加轮轨间的黏着力，改善机车牵引和制动性能而设置的。SS_4 改型电力机车每台转向架前、后轮外侧都装有砂箱和撒砂器，每节机车共有 8 个砂箱和 8 个撒砂器（67 ~ 74）。

撒砂装置主要由撒砂器、砂箱和司机室控制的撒砂阀组成。SS_4 改型电力机车采用脚踏开关替代脚踏阀控制撒砂。

撒砂装置不仅能受司机的控制，也能与制动机、防空转滑行及断钩保护装置配合作用，当司机踩下脚踏开关 35SA，或空转滑行、断钩保护及大闸紧急制动时，通过相关电路使撒砂电空阀 251YV、241YV 或撒砂Ⅱ电空阀 250YV、240YV 得电，总风缸内压缩空气通过电空阀口到达与机车运行方向一致的撒砂器，将砂子撒到轨面。SS_4 改型电力机车通过有关导线的重联可以向非操纵节机车、重联机车的撒砂器送风。

6.2.3　HXD_3 型电力机车空气管路系统

HXD_3 型电力机车空气管路系统采用了先进的电子、微机控制技术和先进的集成化安装工艺，便于检修和维护。按工作原理分为风源系统、辅助管路系统、制动机系统和防滑系统四大部分。

认识 HXD_3 型机车风源系统微课视频扫码观看

1. 风源系统

机车风源系统负责生产并提供全列车气动器械以及机车、列车制动机所需要的高质量的清洁、干燥和稳定的压缩空气。

HXD_3 型电力机车风源系统由空气压缩机组（A1）、高压安全阀（A3、A7）、空气干燥器（A4）、精油过滤器（A5）、低压维持阀（A6）、总风缸（A11、A15）、总风缸排水塞门（A12）、止回阀（A08）、调压器（K01、K02）、总风软管连接器（B83）、总风折角塞门（B80）等组成。管路原理如图 6-17 所示。

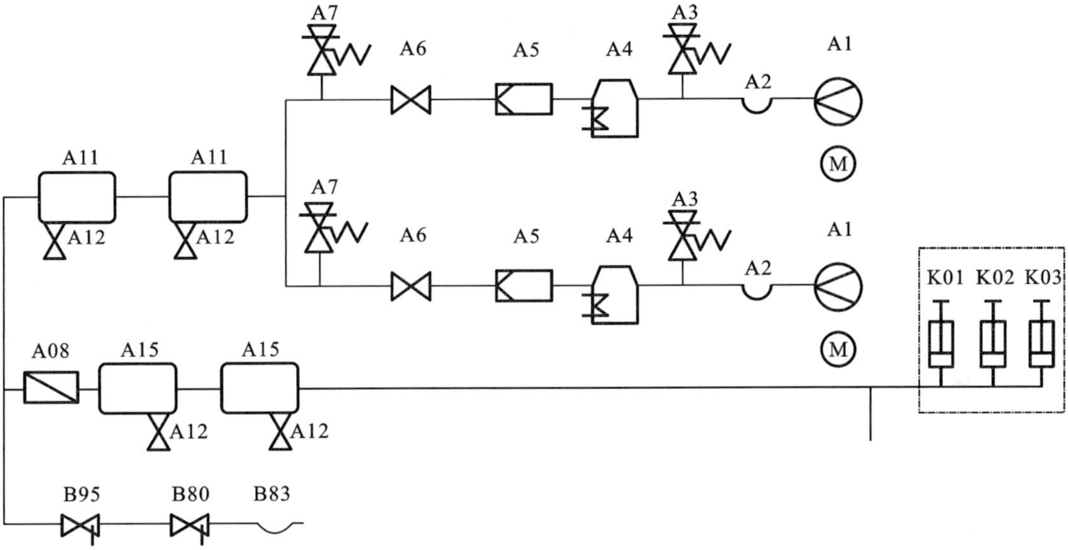

A1—空气压缩机；M—压缩机电机；A2—空气压缩机出风软管；A3—安全阀（1 100 kPa）；A4—空气干燥器；A5—微油过滤器；A6—最小压力阀（600 kPa）；A7—安全阀（950 kPa）；A11、A15—总风缸；A12—总风缸排水塞门；A08—止回阀；K01、K02—调压器；B80—总风折角塞门；B83—总风软管连接器。

图 6-17　HXD_3 型电力机车风源管路图

（1）空气压缩机组（A1）。

采用两台 SL22-47 型螺杆式空气压缩机组作为系统的供风设备。空气压缩机额定流量 2 750 L/min，转速 2 920 r/min，工作压力 1 000 kPa，设有无负荷启动装置、高温保护开关和低温加热装置。开停状态既可以由总风压力开关进行自动控制，也可以通过手动按钮控制开停。

（2）空气干燥器（A4）。

采用 LTZ3.2H 型双塔干燥器，安装在空压机和总风缸之间，过滤压缩空气中油、水、杂质，降低空气压力露点，使得空气系统在正常使用时不会出现液态水。

（3）总风缸（A11、A15）。

设有四个容积为 400 L 的总风缸串联作为压缩空气的存储容器，采用直立车上安装方式。用来储存压缩空气，同时提供高质量的压缩空气。

（4）高压安全阀（A3、A7）。

在干燥器前后各有一个高压安全阀，A3 高压安全阀的开启压力为 1 100 kPa，A7 高压安全阀的开启压力为 950 kPa，以确保机车空气管路系统的安全。

（5）低压维持阀（A6）。

保证干燥器内部快速建立起压力，使干燥器可以进行再生、干燥工作。

（6）调压器（K01、K02）。

根据总风缸压力来控制空压机的启停。当总风压力由 900 kPa 下降到 825 kPa 时，其中一台空气压缩机启动打风；如果总风压力继续下降到 750 kPa 以下，两台空气压缩机组同时启动打风；当总风压力达到 1 000 kPa 时，两台空气压缩机均停止打风。

2. 辅助管路系统

机车辅助管路系统可以改善机车的运行条件，确保机车行车安全。包括升弓控制模块（U43）、踏面清扫模块（B50）、弹簧停车模块（B40）、撒砂模块（F41）、警惕装置（Z10）、鸣笛控制和辅助风源系统等部分。

（1）升弓控制模块（U43）。

为受电弓和主断路器提供干燥、稳定的压缩空气。

（2）踏面清扫模块（B50）。

此模块为机车走行部踏面清扫风缸提供风压。

每个车轮的踏面清扫器配合制动单元的动作，能够清扫车轮圆周表面的杂物及油污，从而增加机车和钢轨的黏着系数。

（3）弹簧停车模块（B40）。

此模块接受司机控制指令，从而控制机车走行部弹簧停车制动缸压力。当弹簧停车制动缸中的空气压力达到 480 kPa 以上时，弹簧停车制动装置缓解，允许机车行车；机车停车后，将弹簧停车制动缸中的压力空气排空，弹簧停车装置动作，闸瓦压紧轮对，避免机车因重力或风力的原因溜走。HXD_3 型电力机车第一、第六轴上安装有四个弹停装置。

（4）撒砂模块（F41）。

机车设有八个砂箱和撒砂装置，每个走行部上面四个砂箱，容积为每个 100 L，撒砂量可在 0.5 ~ 1 L/min 范围内调节。撒砂动作与司机脚踏开关、紧急制动、防空转、防滑行等功能配合使用，

HXD_3 型电力机车撒砂装置具有砂子加热功能，加热装置在砂箱底和撒砂管喷嘴处。

（5）警惕装置（Z10）。

接受机车监控系统的指令，当监控系统发出指令后，电磁阀（Z10.36）得电动作，引起机车的紧急制动。机车制动缸控制塞门（Z10.22）也在此模块中。

（6）鸣笛控制。

机车两端均设有两个高音喇叭、一个低音喇叭，由电空阀控制，电空阀由司机操纵台面板上的喇叭按钮、操纵台下的喇叭脚踏开关分别进行控制。

（7）辅助风源系统。

采用克诺尔的 LP115 型辅助压缩机组作为辅助风源，将其和升弓控制模块、升弓风缸及风表相连。修改为当总风缸压力（或控制风缸压力）没有达到 480 kPa 以上时，闭合受电弓板键开关，辅助压缩机自动泵风，也可手动按下制动屏柜上的辅助压缩机按钮，辅助空气压缩机启动，待辅助风缸的气压上升到 735±20 kPa 时，辅助空气压缩机自动停止。

为防止损坏辅助压缩机，辅助压缩机打风时间不得过长。若超过 10 min，则需要人为断开辅助设备自动开关和机车控制自动开关来切断辅助压缩机回路，间隔 30 min 再投入使用。为保证压缩空气和管路的清洁，辅助压缩机配有小型的干燥器和再生风缸。

此外，HXD_3 型电力机车采用四个气动式后视镜，由操纵台上的开关控制。

3. 制动机系统

HXD_3 型电力机车采用了为在干线铁路客运和货运机车上使用而设计的第二代微机控制制动系统（CCBⅡ）。系统主要包括制动显示屏（D40）、电-空控制单元 EPCU（B20）、集成处理器模块（B46）、电子制动阀（D39）（自动制动手柄和单独制动手柄）和继电器接口模块 RIM（B47）等。

4. 防滑系统

机车采用德国 KNORR 公司生产的 MGS2 型防滑系统。该防滑系统由控制单元 ESRA（G1）、速度传感器（G6/G7）、防滑电磁阀 GV12-ESRA（G5）等部件组成，速度传感器的脉冲信号被传输到电子控制单元中，控制单元对本车或本转向架的速度进行处理，对已经发生滑行的情况发出防滑控制指令，操纵防滑电磁阀，控制制动的压力，从而保持车轮与轨道之间的良好粘着状态，确保列车的安全运行。

（1）控制单元。

控制单元安装在空气制动柜里，在其左侧安装两块 110 V 电源模块，在其右侧安装 3 块芯片主板（EB01B-3、MB04B-1、MB03B-2）。电源模块为控制单元提供稳定的电源，芯片 EB01B-3 处理防滑系统与机车微机系统的数据传输信号，芯片 MB04B-1 接收第一转向架的 3 个速度信号，并对控制第一转向架的 3 个防滑电磁阀发出控制指令，芯片 MB03B-2 接收第二转向架的 3 个速度信号，并对控制第二转向架的 3 个防滑电磁阀发出控制指令。

（2）速度传感器。

6 个速度传感器被安装在机车 6 根车轴的端部，通过磁场脉冲信号将采集到的机车速度信号传送到防滑系统控制单元，为控制单元的计算提供数据。

（3）防滑电磁阀。

防滑阀是防滑行保护系统中的动作部件，装有防滑阀之后，可控制制动缸压力逐步降低。

任务考核

1. SS_4 改型电力机车的控制管路系统的受控设备有哪些？
2. 简述 HXD_3 型电力机车的风源系统组成。

巩固练习

1.【多选题】离心式通风机具有（　　）特点。

A. 风压较大，风力较集中　　B. 出风体积大

C. 转速较高　　D. 效率较高

2.【多选题】轴流式通风机具有（　　）特点。

A. 风压较大，风力较集中　　B. 出风体积大

C. 转速较高　　D. 效率较高

3.【多选题】HXD_3 型电力机车主要包括（　　）通风系统。

A. 牵引电动机　　B. 主变压器与牵引变流器

C. 辅助变流器　　D. 司机室通风

4.【多选题】机车空气管路系统按功能包括（　　）。

A. 风源系统　　B. 控制管路系统

C. 辅助管路系统　　D. 制动机管路系统

5.【多选题】SS_4改机车控制管路系统主要向（　　）提供压缩空气。

A. 受电弓　　B. 主断路器

C. 门联锁阀　　D. 高压电器柜

6.【单选题】SS_4改机车库停后，再次投入使用时，当总风缸和控制风缸风压低于（　　）KPa，则需要启动辅助压缩机打风进行升弓合闸操作。

A. 400　　B. 450　　C. 500　　D. 550

7.【单选题】SS_4改机车库停后，再次投入使用时，当总风缸风压低于 450KPa，而控制风缸风压高于（　　）KPa，则利用控制风缸进行升弓合闸操作。

A. 450　　B. 600　　C. 650　　D. 700

8.【单选题】HXD_3型电力机车采用（　　）个容积为 400 L 的风缸串联作为压缩空气的储存容器。

A. 1　　B. 2　　C. 3　　D. 4

9.【单选题】HXD_3型电力机车采用辅助压缩机供风时，当风压达到（　　）kPa 时，自动切断辅助压缩机电源。

A. 480±20　　B.735±20　　C. 750±20　　D. 825±20

10.【单选题】当 HXD_3型电力机车总风压力下降到（　　）kPa 以下时，两个空气压缩机组同时启动打风。

A. 750　　B. 825　　C. 735　　D. 900

项目7

电力机车检查认知

项目简介

电力机车在我国现代化铁路运输中起着无可替代的重要作用，同时电力机车不仅会在运用中承受连续而强烈的机械振动和机械冲击，还会遭遇意外的恶劣天气影响。所以电力机车必须进行全方位的检查以应对铁路日益繁重的任务量，这点也符合铁路运输“安全生产”的方针。本项目则会介绍电力机车检查的基本知识和机车走行部检查的相关知识。

项目教学目标

✓ **知识目标：**

1. 熟悉电力机车检查的基本知识。
2. 熟悉电力机车走行部检查的顺序和主要内容。

✓ **技能目标：**

1. 能正确使用常用的检查工具。
2. 能对电力机车进行基本的检查。

✓ **素质目标：**

1. 培养学生良好的职业形象和沟通技巧。
2. 培养学生一丝不苟的工匠精神。

课时建议

6 课时。

电力机车的检查方法微课视频扫码观看

任务 7.1　电力机车的检查方法

任务描述

电力机车在运用过程中，机车上的部件和设备会磨耗、发生故障甚至损坏，轻则影响机车使用，重则危及行车安全。因此，电力机车的检查是保证机车质量和行车安全的重要工作。

任务目标

1. 熟悉电力机车检查的分类。
2. 熟悉电力机车检查的方法。

任务实施

7.1.1　电力机车检查的分类

一般电力机车的检查按时间可分为日常检查和定期检查，按检查形式又可分为静止检查和动态检查。

1. 日常检查

日常检查即机车每完成一个交路或一次循环后入段进行整备作业过程中的检查或在中间站换班、外段（折返段）整备时由乘务员或检查司机进行的检查。

2. 定期检查

定期检查即机车每运行一段时间或完成一定的走行里程后对机车进行的较大范围的检查。

3. 静止检查

静止检查即机车在无动力电源时对机车进行的检查。

4. 动态检查

动态检查即机车在牵引列车的运行中对机车的巡视检查等，或停车后立即对有关发热部件的检测。高、低压试验对控制电路来讲是动态试验，对主电路来讲是动态下的空载试验。

7.1.2　电力机车检查方法和工具使用

机车检查的基本方法一般有目视法、锤检法、手检法、测量法和耳听法、鼻嗅法等。

1. 目视法

目视法主要检查：各种仪表的显示、铅封、漆封；各类扳钮、刀开关、塞门位置；各部件有无断裂、变形、丢失、歪斜、折损、擦伤、剥离、泄漏、脱落、卡滞、缺油、拉伤、发热、烧损、变色及油、砂储备量；各类电器的导线连接、绝缘状态、触点接触状态等。目视检查贯穿在各种检查方法之中，是最基本的检查方法。

2. 锤检法

锤检法包括锤击、锤触、锤撬 3 种方法。

（1）锤击。

锤击适用于检查各部件的紧固螺栓、螺钉。敲击螺栓或螺钉时，应向紧固方向轻轻敲击，以免把紧固的螺栓或螺钉敲松。锤击检查法主要是靠锤击的音响、锤柄对力的传递和用另一只手直接接触敲击处的感觉，来判断螺栓（螺母）的紧固程度。

（2）锤触。

对一些直径较小的管路和卡子，以及不宜锤击的螺钉或脆弱部件，可用检查锤轻轻触动，视其是否泄漏或松动。

（3）锤撬。

锤撬为用锤柄或锤尖撬动部件，用以检查部件的横向、径向活动量及间隙等。

3. 手检法

手检法分为手动检查法和手触检查法。

（1）手动检查法。

对于经过锤击容易损坏的部件，应使用手动检查法，手动检查的内容包括：晃、拍、握、拧。对较小的螺钉、管接头，用手旋拧视其是否松动或泄漏，对电器部件的安装、接线及绝缘板上的螺栓（螺钉）等，用手扳动视其牢固程度。对排水阀及其他把手、手轮、开关及玻璃塑料部件等，应用手扳动，切勿锤击，以防损坏。

（2）手触检查法。

手触检查法适用于检查容易发热的各轴箱、轴承等部件，具体方法为用手掌或手指触及发热处所，以感觉其温度，手触检查应在停车或关机后立即进行。手触时，应先用手指感觉温度，再用手背判断温度。部件表面发热温度的判定如表 7-1 所示。

表 7-1　部件表面发热温度判定表

序号	名称	温度/℃	判断方法
1	平热	40 左右	能长时间手触
2	较热	70 左右	手触能持续约 3 s
3	强热	90 左右	不能手触
4	激热	150 左右	部件变色
5	烧热	150 以上	部件冒烟烧损

4. 万用表、兆欧表、试灯检查法

万用表、兆欧表、试灯检查法适用于检查电器部件线路接地、虚接、短路，继电器、接触器接触状态及电气路故障等。

5. 量具检查法

量具检查法适用于检查有关部件的间隙、开距、超行程、限度、高度等限度数据。

6. 耳听、鼻嗅法

耳听、鼻嗅法为凭听觉或借助锤柄、听棒等判断运转机件有无异常，用鼻嗅感觉判断部件及电气装置有无发热、烧损现象。

7. 诊断技术检查法

诊断技术检查法是一种新型微机智能检查方法，该方法既能检查出故障缺陷程度，又能大约判断出能继续使用的年限，从而根据检查的状态参数确定修理方法和修理时间。如通过机车电器自检测，可检查机车各种接触器、继电器触头的接触状态：在整备场所的入库线地面设专用插销，机车入库时一度停车，将专用插销插在机车加装的专用插座上，便可自检查有关触头接触状态。

7.1.3 电力机车检查的注意事项

（1）车顶检查作业必须在安全作业区内，于办理了停电手续、挂好接地线后进行。接触网没停电时，不论何种原因，都绝对禁止登上电力机车车顶。上车顶时必须由车顶门登上，严禁从其他部位爬上车顶。在检查中，注意防止跌落和摔伤，以确保人身安全。

（2）当机车受电弓升起时，禁止进入高压室、变压器室和开启防护高压用的护板、外罩及电机整流子孔盖，以及检查与修理电力机车车体下面的电气设备。

（3）机车检查前必须遵守“先联系、后检查”的原则，并通过有关作业人员在操纵手柄的开关处挂好禁动标志。在检查带电部件和转动部件时，禁止手触，以防触电和挤伤。

（4）检查机车时，应做到：顺序检查、不错不漏、姿势正确、步伐不乱、锤分轻重、目标准确、眼看耳听、仔细周到、鼻嗅手触、灵活熟练、消除隐患、保证质量。

（5）检查压力容器和修改为带有压力的管接头、磨擦工作面、光洁度较高的部件或有镀层的零件表面和 M14 以下的螺栓，禁止用锤击法进行检查。

（6）用手晃动、拍击、拧动零件时，用力要适当，避免损伤部件，尤其在检查线接头与紧固件松紧时，要顺时针推动。

（7）对加封的零部件（如铅封、漆封），严禁随意破封，对于各种保护装置及测量、计量仪器，不得任意变更其动作值及参数。

（8）机车检查时要注意安全，严禁跳越地沟。

（9）司机升弓前，必须确认各高压室和地沟无人，并厉行呼唤、应答和鸣笛，以确保安全。

（10）各部件、塞门、开关检查完后，必须恢复定位。

7.1.4 电力机车的日常检查

1. 交接班检查

（1）机车到达本次交路终点站并入段后，到达的乘务员、机车保养人员要按照分工，抓紧时间，首先详细检查各摩擦、转动部分及各电机的温度，并做好整台机车的检查、修理、试验、给油、清扫工作，然后将发现的问题和处理的情况详细填入交接班记录，为接班乘务员顺利开展工作打好基础。

（2）接班检查要简单明了，重点突出，作业时间不宜过长，以免造成出乘前疲劳。为此，接班与交班检查要明确分工，接班者应特别注意与行车安全直接有关的部件检查，确认机车的整备状态，并详细了解机车在上一班的运行情况，认真阅读交班记录。

2. 运行途中检查

（1）在司机、学习司机的值乘模式中，学习司机负责机车走廊巡视检查，其检查的时机由各段在操纵示意图中规定。一般要在始发站出站后，以及机车有异常状态时进行巡视检查。走廊巡视检查时，应在出站后开始，于到达前方站前返回，保证二人确认进站信号，去走廊巡视检查时，要先与司机取得联系，尽量保持各控制手柄位置稳定。在检查中发现有不良情况时，要立即向司机报告，二人密切配合，尽可能地维持运行，对能处理的，要及时果断处理，防止事态扩大。

单司机值乘时，应有足够的措施让机车司机在操纵机车的同时查看机车内部设备的工作状况，并进行应急处理。

（2）中间站停车时，乘务员应下车检查走行部：确认车钩及风管的连接状态（机车重联时还需确认重联线的连接状态）；轮毂有无过热、弛缓；轮踏面有无擦伤、剥离；轮缘润滑是否良好；轴箱温度是否正常，有无漏油现象；弹簧装置是否良好；闸瓦及制动装置有无不良现象；各管路系统及主变压器外壳是否有漏油；速度表传动装置是否良好。

任务考核

1. 电力机车检查的类型有哪些？
2. 电力机车检查常用的方法有哪些？

电力机车走行部检查微课视频扫码观看

任务 7.2　电力机车走行部检查

任务描述

电力机车的检查工作是机务工作中至关重要的一部分，机车乘务员以标准的方法进行检查，对实现机车的安全生产，确保铁路高效有序地运输具有重要意义，也大大减少了维修的工作量。

任务目标

1. 熟悉电力机车检查的要求。
2. 熟悉电力机车检查的顺序。

任务实施

7.2.1 电力机车检查的要求

（1）开展机车检查工作前工作人员应按规定着装，佩戴安全帽，携带防护信号旗、检点锤、手电筒等作业工具。确认机车已停轮降弓，机车防溜已设置，确认周围环境无油、水、工装工具等影响检查作业，无其他人员作业影响检查作业的情况后，悬挂好防护信号旗后准备检查机车。

（2）机车检查人员应对所使用的车型结构、各部件的名称、正常安装位置及状态非常熟悉，掌握关键部位，充分合理地利用检查时间，以有条不紊的顺序、正确的姿势和适当的方法进行检查，要求做到：顺序检查、不错不漏，姿势正确、步伐不乱；锤分轻重、目标明确，耳听目视、仔细周到；测试工具、运用自如，手触鼻嗅、灵活熟练。

（3）在检查过程中，根据声音、颜色、形态、温度、气味等线索，准确及时地判断故障处所和故障程度，并采取适当的措施。

7.2.2 机车走行部检查

下面以 SS_3 型电力机车为例介绍电力机车走行部检查的相关知识。

SS_3 型电力机车走行部检查线路采用逆时针方向，对机车两侧分左前、右前、左后、右后，以及先上而下、先里后外、从左到右的顺序进行检查，对底部分前台车、后台车，从机车端部车钩侧面开始检查，重点对机车车钩、轮对、单元制动器、齿轮箱及电机悬挂、构架裂纹和易脱部件等做好检查。

首先检查机车Ⅱ端及右侧走行部，然后检查Ⅰ端及左侧走行部，最后从Ⅱ端进入地沟，检查机车下部，从Ⅱ端出来后检查工作完成，如图 7-1 所示。

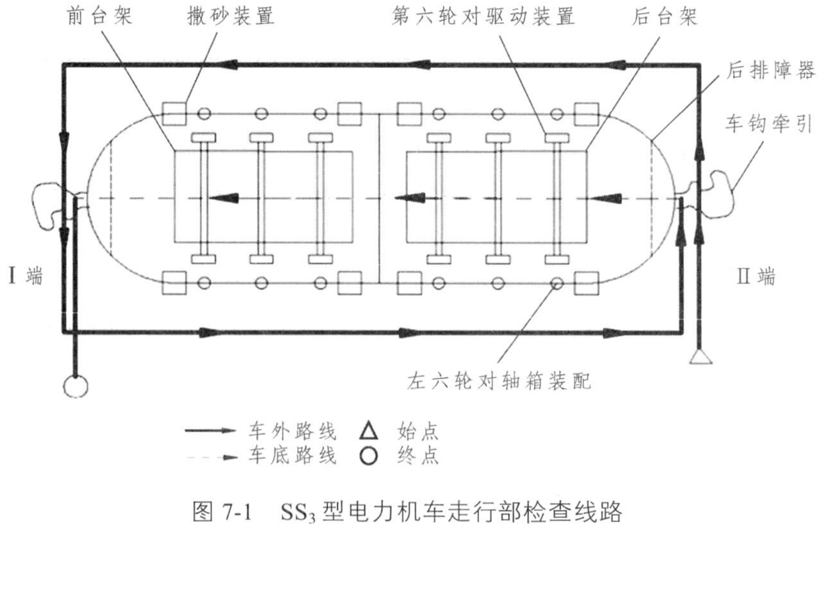

图 7-1 SS_3 型电力机车走行部检查线路

1. 机车端部检查

（1）车钩检查。

① 提钩检查车钩“三态”作用。

作业内容及标准：车钩开闭灵活，开锁状态、全开状态、锁闭状态作用良好。出现异常或更换钩舌时检测锁闭位为 112 ~ 127 mm，全开位为 220 ~ 245 mm。

② 检查防跳凸台及锁闭后锁铁往上活动量。

作业内容及标准：防跳凸台作用面平直，锁铁往上活动量为 5 ~ 22 mm。

③ 检查车钩均衡梁、吊杆及垫板安装状态。

目视车钩状态异常时测量车钩中心高度。

作业内容及标准：车钩均衡梁及吊杆状态良好，无裂纹，垫板安装状态良好，冲击座与钩体牵引台无撞击痕迹。磨耗板须焊接牢固。车钩水平中心线距轨面高度为 815 ~ 890 mm。

④ 检查车钩提杆装置。

作业内容及标准：车钩提杆无变形，提钩及落槽均不得卡滞；落槽位拨动提杆时不顶锁铁。车钩下锁销无脱出。

⑤ 检查车钩防跳装置。

作业内容及标准：车钩防跳装置与钩体焊接处不得开焊，穿销、链条作用良好，防跳销与孔的配合面油润良好。

⑥ 油润状态。

作业内容及标准：车钩垫板、钩舌销、钩舌及各磨耗部分润滑（MT-3 型缓冲器前端磨耗部分不补油）。各摩擦部分不得缺油。

⑦ 检查车钩牵引销止退螺栓及安装状况。

检查钩体及车钩尾部与从板间隙。

作业内容及标准：牵引销止退螺栓无裂纹，安装状况良好。防落螺栓齐全可靠，无异常磨耗。钩体可见部分无裂纹，车钩尾部与从板间隙不大于 8 mm。

⑧ 检查缓冲器从板及车钩磨耗板间是否有贯通间隙

作业内容及标准：车钩前从板与从板座、缓冲器与后从板座不许有 1 mm 以上的贯通间隙。

⑨ 检查缓冲器、钩尾框、托板。

作业内容及标准：缓冲器各部分无裂纹，状态应良好。尾框可见部分不得有裂纹，喇叭口无严重变形。托板无裂纹，各固定螺栓及备帽齐全紧固。

（2）排障器检查。

① 检查排障器及安装螺栓外观。

作业内容及标准：排障器无变形、裂纹，各连接螺栓无松动。

② 目测排障器距轨面距离。

作业内容及标准：检查异常时测量排障器距轨面高度为 75 ~ 120 mm。

（3）列车管、平均管、总风管、供风管的检查。

检查软管及安装状态。

作业内容及标准：安装紧固，无龟裂、破损、漏泄；列车管、平均管、供风管、总风联管软管水压试验牌在规定日期内；检查各软管外观状态良好，无破损、鼓包、老化和龟裂；列车管与机车中心线夹角为 45°。

（4）前照灯、副灯、标志灯及瞭望玻璃检查。

各灯玻璃罩完好无破损，灯罩卡子齐全，安装牢固，灯泡齐全，瞭望玻璃密封状况良好。车体外观清洁，无破损，标志、标牌完整清晰，无严重锈蚀。

2. 机车侧面检查

（1）脚梯检查。

检查脚梯及安装螺栓外观。

作业内容及标准：无变形、裂纹，各连接螺栓无松动。

（2）砂箱检查。

检查砂箱及安装座、安装螺栓、砂箱盖。

作业内容及标准：各安装螺丝不得松动；砂箱体及支架不得开裂、变形；安装座不得有裂纹；砂箱盖密封作用良好。

（3）单缸制动器检查。

① 外观检查：各安装螺栓状态、箱体及箱体座与构架焊缝、闸瓦、闸瓦钎及穿销、闸瓦托安装、手轮状态，检查闸瓦偏磨及与踏面间的间隙，如间隙异常，手动试验闸瓦间隙自动调整器的调节性能和自锁性能。

② 检查风缸及管路、接头。

作业内容标准：各安装螺丝紧固，箱体及座无裂纹，闸瓦钎及穿销作用可靠，闸瓦托安装可靠，手轮状态良好，闸瓦摩擦体无掉块，闸瓦鼻无脱出，闸瓦无偏磨，闸瓦间隙 4 ~ 8 mm，且间隙均匀，闸瓦厚度不小于 15 mm；风缸及管路无泄漏，接头无松动。

（4）轮对检查。

① 检查裂纹，驰缓线，轮箍扣环焊接及嵌入轮箍状态。

作业内容及标准：轮箍、轮芯可见部分不得有裂损，轮箍与轮芯不得有相对位移，轮箍与轮芯相对位置驰缓线不得发生错位，轮箍不得有过热变色，轮箍扣环可见部分安装良好，接头无脱焊。

② 检查轮缘及踏面状态。

作业内容及标准：发现踏面擦伤、剥离、裂纹、异常损伤，根据限度扣修；轮缘飞边高于轮缘顶部、轮缘垂直磨耗、轮缘异常损伤通知专业技术人员检查（轮缘厚度不小于 24 mm；踏面磨耗不大于 7 mm；擦伤长度不大于 40 mm、深度不大于 0.7 mm；缺陷长度不大于 40 mm、深度不大于 1 mm；轮缘垂直磨耗不大于 18 mm）。

（5）轴箱检查。

① 检查箱体、轴箱拉杆与槽间隙外观，检查接地线、安装螺栓状态

作业内容及标准：轴箱体、前后端盖应无裂纹，各紧固件紧固良好，轴箱拉杆应无裂纹，橡胶组件良好，应无开裂老化现象，目测轴箱拉杆方轴与槽部间隙应在 2 ~ 8 mm 范围内，接地线完好，断股不超 10%、轴箱安装螺丝紧固。

② 圆簧外观检查。

作业内容及标准：圆簧不得断裂、倾斜。

（6）支承、减震系统检查。

① 油压减振器外观检查。

检查油压减振器（横向、垂向）、安装座、螺栓、托板外观及其安装状态。

作业内容及标准：油压减振器安装座无裂纹，螺栓不得松动，不得漏油，橡胶无老化开裂、托板不得开裂。

② 检查侧向摩擦减振器安装座、定位板、三角形杆、弹簧、弹性球铰。

作业内容及标准：检查侧向摩擦减振器安装螺栓无松动，安装座无裂纹，定位板、三角形杆及外罩状态良好，不得有裂纹。弹簧状态良好，不得断裂，弹性球铰不允许开裂、挤出变形。

③ 检查橡胶堆。

作业内容及标准：检查橡胶堆安装座不得有裂纹，橡胶堆无老化、开裂。

（7）横向止挡装置检查。

检查横向止挡装置及悬挂装置。

作业内容及标准：检查横向止挡装置挡头、缓冲垫、挡座、摩擦片安装及油润状态良好，检查异常时测量与车体间隙为（25±2）mm（单侧）；外观检查吊杆、悬挂座、吊杆螺栓、橡胶垫、防落板，悬挂座螺丝紧固状态。

（8）轮缘喷脂器检查。

① 检查储脂罐及其安装状态。

作业内容及标准：油罐、风管、油管应无泄漏。油罐局部变形时调整，支架焊缝开焊时补焊，加油盖及各安装螺丝应紧固，防脱装置良好。

② 检查管路、塞门、管卡。

作业内容及标准：各管路畅通、塞门状态良好，无漏泄，管卡无松动。

③ 检查喷头及油脂喷射状况。

作业内容及标准：喷头喷油点中心应在轮缘与踏面过渡圆弧的轮缘侧（即车轮检查器 测量轮缘厚度的测量位置）。发现不喷油、喷油量不足或过大时及时报修处理。

（9）低位牵引拉杆检查。

① 检查拐臂销、连杆销、牵引销、紧固及安装螺丝、防尘圈、压盖、压板、止动圆销、开口销、止动垫、防缓铁丝、卡箍状态。

作业内容及标准：各紧固螺栓、螺母应无松动现象，拐臂销、连杆销、牵引销各销，防尘圈、压盖、压板、止动垫、防缓铁丝、卡箍、油堵状态良好。

② 检查各牵引杆、连接杆、拐臂。

作业内容及标准：各牵引杆、连接杆、拐臂应无裂纹、变形。

③检查各油堵及油润情况。

作业内容标准：各油堵应良好，缺油时应给油。

（10）总风缸检查。

检查总风缸及安装座状态。

作业内容及标准：总风缸无严重锈蚀、变形，安装螺栓紧固，腰带无裂纹、破损、变形，风缸内无积水。

（11）蓄电池箱检查。

检查蓄电池箱体安装状态。

作业内容及标准：箱体安装螺栓紧固，箱体门安装紧固，箱体无变形、裂损。箱体安装螺栓紧固，箱体合页焊接良好。

3. 机车下部检查

（1）缓冲器装置检查。

① 检查钩尾框。

钩尾框状态良好，不得有裂损。

② 检查缓冲器箱体及与前后磨耗板间隙。

缓冲器箱体无裂损，缓冲器箱体与前后磨耗板不得有贯通间隙。

③ 检查托板及安装螺栓。

托板状态良好，无裂损，安装螺栓不得松动。

（2）手制动装置检查。

检查拉伸弹簧、定位销、穿销、开口销（卡环）状态。

拉伸弹簧、定位销、穿销、开口销（卡环）状态良好，不得裂损、脱落。

（3）转向架及附属装置检查。

① 检查构架可见部分及焊缝。

目视构架可见部分及焊缝不得有裂纹、变形。

② 检查撒砂器、砂管支架安装螺栓。

目测砂管距踏面距离不得低于 15 ~ 30 mm，距轨面高度不得低于 30 mm，撒砂器作用良好，各安装螺栓不得松动，砂管支架不得开裂、变形，安装座不得有裂纹。

③ 检查扫石器、胶皮及安装状态。

目测排石器距轨面高度不得低于 70 mm，扫石器胶皮距轨面距离不得低于 20 mm，胶皮安装支架无裂损，焊点焊接牢固，安装螺栓不得松动。

（4）齿轮箱检查。

① 检查箱体、安装座、各连接安装螺栓状态。

齿轮箱体应无裂纹、破损，安装螺栓应紧固，安装座无裂纹。

② 检查合口、领圈及密封状态。

胶条、领圈、合口完好无破损，不得严重漏油。

③ 检查油盖及油位。

油盖装配应完好，齿轮箱油位在验油阀或油表上下刻线之间。

（5）抱轴承检查。

① 检查抱轴承合口螺栓、密封垫。

抱轴螺丝应无松动，密封垫完好无破损。

② 检查安装座及箱体各处裂纹。

安装座及箱体各处应无裂纹。

③ 检查油箱、副油箱、盖及油表、油堵。

油箱、副油箱、盖、油表及油堵状态良好，抱轴油位良好。

（6）牵引电动机检查。

① 外观检查。

电机检查孔盖严密，锁销锁闭作用良好；帆布罩无破损，合口严密无错位；网盖安装螺栓齐全紧固，风网无破损、异物。电机盖防脱装置作用状态良好，安装牢固可靠。

② 电机内部检查。

打开电机检查孔盖，检查电机内部无异物，轴承油封无甩油；检查换向器表面无拉伤、连片，可见部分绕组绝缘无破损、过热变色；检查侧排和下排电刷无卡滞、破损，电刷磨耗位置距到限刻度线长度小于或等于 5 mm 时禁用，如有 1 副电刷到限，则更换该电机所有电刷（同一台电机不能混装不同型号、厂家的电刷）；刷架圈定位卡子正确，弹簧无折损，手摇刷架圈无松动，绝缘子清洁无裂损，连线紧固无过热。

（7）牵引电机悬挂装置检查。

检查吊杆销与套间隙、止板安装情况。

吊杆、悬挂座不得有裂纹，螺栓不得松动，橡胶垫不得老化、开裂，防落板安装牢固，开口销完好，目测安全托铁与电机外壳间隙不小于 10 mm，与悬挂座纵横向搭接量不小于 15 mm。吊杆销与套间隙不大于 3 mm，止板安装紧固，无裂纹。

任务考核

1. 电力机车检查有哪些要求？
2. 如何检查 SS_3 型电力机车端部？

巩固练习

1.【单选题】车钩水平中心线距轨面高度为（　　）mm。

A. 815 ~ 880　　B. 815 ~ 870　　C. 815 ~ 890　　D. 815 ~ 900

2.【多选题】车钩三态为（　　）。

A. 开锁位　　B. 半开位　　C. 闭锁位　　D. 全开位

3.【单选题】SS_3 机车排障器距轨面高度为（　　）mm。

A. 75 ~ 120　　B. 100 ~ 120　　C. 110 ~ 120　　D. 100 ~ 110

4.【单选题】SS_3 机车闸瓦厚度不小于（　　）mm。

A. 10　　B. 12　　C. 15　　D. 18

5.【单选题】SS_3 机车带箍车轮的轮缘垂直磨耗不大于（　　）mm。

A. 10　　B. 12　　C. 15　　D. 18

6.【单选题】SS_3 机车走行部检查时，目测轴箱拉杆方轴与槽底部间隙应在（　　）mm 范围内。

A. 2 ~ 8　　B. 3 ~ 9　　C. 1 ~ 5　　D. 2 ~ 7

7.【单选题】SS_3 机车扫石器胶皮距轨面距离不得低于（　　）mm。

A. 20 ~ 25　　B. 25 ~ 30　　C. 30 ~ 35　　D. 35 ~ 40

8.【单选题】SS_3 机车开电机下检查孔盖检查电机内部，电刷磨耗位置距到限刻度线长度小于或等于（　　）mm 禁用。

A. 2　　B. 3　　C. 5　　D. 7

参考文献

[1] 王学明，金晶，宋年武. 机车转向架技术[M]. 成都：西南交通大学出版社，2009.

[2] 江利国，汪科，谢小宁. 电力机车车体和转向架的整备与检修[M]. 成都：西南交通大学出版社，2015.

[3] 陈艳伶，金环. 电力机车总体及走行部[M]. 北京：北京交通大学出版社，2020.

[4] 刘连杰，王冰. 电力机车总体及走行部[M]. 北京：北京交通大学出版社，2023.

[5] 潘永军，何安琪. 电力机车总体及走行部[M]. 成都：西南交通大学出版社，2023.